M. Jervis

Vol. 3

BM Croker

Writat

Cette édition parue en 2024

ISBN : 9789359946535

Publié par
Writat
email : info@writat.com

Contenu

CHAPITRE XXX.
CE QUE LES GENS DITENT, SURTOUT CE QUE DEUX PERSONNES DITENT.

Lorsque Mark Jervis est venu tout empressé de réclamer son dîner dansant à Miss Gordon, il a immédiatement vu que quelque chose n'allait pas. Le sourire joyeux, son plus grand charme, il cherchait en vain sur son visage ; son expression était grave, presque sévère. En réalité, elle le regardait comme s'il était un parfait inconnu. *Elle savait!*

Il jeta un rapide coup d'œil à son partenaire et le mystère fut instantanément résolu. Oui, il se souvenait des yeux bleus écarquillés de l'homme. Où l'avait-il vu ? Où? L'accueil cordial...

« Bonjour, Jervis ! Je suis sorti avec toi au *Victoria* ! » a rapidement dissipé son dernier espoir.

"Oui, c'est ce que tu as fait", hochant la tête. « Heureux de vous voir ici ce soir. Je suppose que vous avez parcouru le monde, comme nous tous ! »

" *Vous* n'avez pas fait beaucoup de trot, de toute évidence, ces derniers temps. "

« Non, pas grand-chose », plutôt brièvement. Puis, à Honor, "C'est notre valse."

Elle le regarda un instant dans un silence hautain, puis elle répondit :

"Oui; mais je ne pense pas que je danserai, merci.

"Oh, oui", insista-t-il alors que l'étranger s'éloignait. « Faisons juste une danse. Après la danse, le déluge ! Je vois que tu sais. Nous pourrons le publier plus tard, mais *ne* nous laissons pas manquer cela.

La jeune femme aimait passionnément la danse, la piste, la valse inspirante, un partenaire de premier ordre, se révélait trop tentant . « Oui, se dit-elle, juste une dernière valse, et puis... le déluge. » Pas un mot ne fut-elle prononcé lorsqu'ils s'arrêtèrent quelques secondes. Elle gardait volontairement le visage détourné et semblait trouver un intérêt absorbant pour les autres. Lorsqu'ils se relancèrent dans le vortex, il lui sembla qu'elle ne dansait pas avec son entrain et sa légèreté habituelles. Elle était aussi raide et rigide qu'une poupée de porcelaine – apparemment elle reculait sous le bras d'un millionnaire – son étreinte était une contamination. Enfin la valse fut finie, tout le monde sortit en courant, et naturellement on suivit la foule. Ils croisèrent Mme Brande, cachant (elle le croyait affectueusement) d'énormes bâillements derrière un éventail noir transparent ; ils passèrent devant Mme Langrishe , publiant des bulletins sur l'état de Sir Gloster à plusieurs matrones intéressées. Ils traversèrent côte à côte la véranda, descendirent les marches et furent enfin remontés par la balustrade rustique qui dominait les jardins et le terrain de tennis. C'était une chaude nuit de clair de lune, brillante comme le jour et à bout de souffle. Des dizaines d'autres couples se promenaient, se tenaient ou s'asseyaient en plein air, même les chaperons étaient venus (un nouveau départ, parfois fatal), pour goûter aux douceurs d'une nuit de juin dans l'Himalaya.

Devant leurs yeux s'élevait la longue chaîne de neiges, la couronne blanche de l'Inde ; en dessous s'étendaient les jardins : une jungle de roses baignées de rosée, de grands lys et de grands arbustes d'héliotrope. Balsac déclare que le parfum rappelle plus vivement que les mots ; Quoi qu'il en soit, le moindre parfum d'héliotrope rappelait invariablement cette scène et cette heure à la mémoire d'Honor Gordon.

" Alors je vois que tout est sorti ! " commença Jervis, intrépide, sur le principe que le premier coup représente la moitié de la bataille, « et ça, vous le savez ».

"Oui" - se tournant lentement pour lui faire face - " et non grâce à vous, M. Jervis. "

« Bien sûr, tu es terriblement en colère contre moi. Presque » (oh, discours le plus malheureux !) « aussi en colère que vous l'étiez contre ce diablotin le jour où vous avez déchiré sa photo.

"Je ne suis pas vraiment en colère", répondit-elle avec une dignité tremblante. « Pourquoi devrais-je être en colère ? Je suis simplement éclairé. Je sais qui est qui maintenant. J'ose dire que vous avez trouvé le petit jeu consistant à tromper tout le monde des plus amusants. Vous semblez avoir un sacré génie pour jouer un double rôle.

"Vous êtes terriblement dur avec moi", l'interrompit-il. "Mais je suppose que je le mérite."

"Maintenant, je n'ai qu'un seul personnage, tel qu'il est, donc je ne peux pas vous rendre *la* pareille. Je ne suis que ce que vous avez toujours vu : une fille de campagne, sans fortune ni perspective d'en avoir une, qui a le goût de jouer du violon et de dire ce qu'elle pense à tout prix.

(Oui, il n'y a jamais eu personne de moins soucieuse d'être prudente que cette jeune femme.)

« Vous êtes dégoûté de constater que je ne suis pas un parent pauvre », osa-t-il remarquer.

"Je suis. Vous vous souvenez qu'à cet endroit même (touchant la grille avec son éventail), il y a deux mois, le colonel Sladen , avec son goût délicat habituel, plaisantait agréablement sur le millionnaire, votre cousin. Vous avez alors ri de manière immodérée. Oui, je me souviens, tu as secoué la balustrade ! Et » – avec une colère croissante – « vous souriez *maintenant* . Bien sûr, ce doit être un plaisir capital d'accueillir les gens avec autant de succès ! pouvoir rire ouvertement – ainsi que dans sa manche.

« Me permettez-vous de vous rappeler un petit fait ? Te souviens-tu que tu t'es tourné vers moi et que tu m'as dit que si j'étais *riche* tu ne me parlerais plus jamais ? Vous offriez une prime à la pauvreté.

"Et je répète ce discours ici", dit-elle en se tournant une fois de plus vers lui. "Maintenant que je trouve que tu *es* riche" - elle retint son souffle - " je ne te parlerai plus jamais. "

"Oh, allez, dis-je, Miss Gordon, vous ne pouvez pas dire ça", a-t-il postulé. « Au moins, vous me donnerez une audience. Soyez en colère, mais soyez juste.

Elle ne répondit rien, mais commença à arracher de petits morceaux d'écorce de la balustrade rustique, jusqu'à détruire complètement ses gants.

« Admettre que je suis millionnaire, c'est simplement accepter le surnom ; car ce n'est pas moi, mais mon oncle qui suis riche. Il a fait fortune dans le commerce, vous savez – l'orge perlé de Pollitt – et je suis son fils adoptif. Il m'a élevé depuis que j'avais dix ans et a été terriblement bon avec moi.

Ici, elle fit un mouvement d'impatience, comme pour dire : Qu'est-ce que la bonté de M. Pollitt envers elle ?

Il se précipita plus vite.

«Je voulais voir quelque chose du monde. J'en avais terriblement marre de la routine de la vie anglaise : chasse, bals, régates, théâtres ; et j'ai obtenu, à grand-peine, le consentement de mon oncle pour passer un an en Inde. J'ai été envoyé avec un valet de chambre, une cargaison de matériel et une réputation de millions de personnes, avec Waring comme guide, compagnon et conseiller. Il n'a aucun lien de parenté avec moi.

Honor le regarda avec un sourire à moitié ironique, comme pour dire : « Bien sûr que non ! Je serais surpris s'il l' *était* .

« C'est le frère de Mme Pollitt ; et elle lui a trouvé la place telle qu'elle était, poursuivit le jeune homme avec obstination.

"Je n'imaginais pas à quel point cela deviendrait luxueux", a ajouté sarcastiquement la jeune femme.

« Non, c'était tout à fait imprévu. Quand j'ai atterri pour la première fois, j'ai découvert que j'avais atteint une célébrité bien au-delà de mes souhaits. J'étais censé être un Rothschild. J'étais vraiment ennuyé par les rabatteurs, les vendeurs ambulants et tout ce genre de choses » – avec un rire contraint. « J'ai compris que je n'aurais pas la paix tant que je ne me serais pas débarrassé de tous mes bagages supplémentaires et de l'homme. Cette combinaison m'a qualifié de « précieux ». Waring était déjà venu dans le pays, il connaissait la langue et les coutumes, j'ai donc ouvert mon compte à la banque à son nom. Il est devenu payeur, et nous avons gardé le silence, c'est tout. Waring a l'air riche et a le génie de dépenser et de faire sensation. Maintenant, ce n'est plus le cas. Mes goûts sont bon marché, et j'ai toujours dit à mon oncle que la nature me destinait à un homme pauvre.

Miss Gordon cueillit un autre morceau d'écorce avec un soin minutieux, puis le jeta avec un air de profond dégoût.

« Notre arrangement a fonctionné à merveille, tant que nous nous contentions de tirer et de nous déplacer ; mais quand nous sommes arrivés ici et que nous avons commencé à connaître du monde, j'ai vu que les choses se mélangeaient un peu, que cela ne suffisait pas , que nous poussions l'idée trop loin. J'ai parlé à Waring et j'ai suggéré de mettre le public dans notre confiance. Il a traité l'affaire comme une plaisanterie et a demandé s'il devait l'annoncer dans le *Pioneer* ? J'ai dit, je pensais que s'il le disait à une ou deux personnes comme un secret mort, ce serait largement suffisant. Mais il ne voulait pas en entendre parler, que ce soit pour plaisanter ou sérieusement. Il avait, reconnut-il, joué le premier violon trop longtemps pour souhaiter changer de rôle. Il tenait absolument à ce que je laisse de côté ce qu'il considérait comme « bien », et il s'est mis dans un état d'esprit si effrayant - il a tout expliqué avec tant de force que j'ai été obligé de laisser les choses *en statu quo.* »

"Obligé!" » fit écho sa belle auditrice, d'un ton froid et incrédule.

"Oui, obligé de le faire." (Il ne pouvait pas lui expliquer la raison qui avait été la seule alternative de Waring.) « Il a dit que nous n'avions que peu de temps à consacrer, que cela le ferait passer pour un imbécile tellement qu'il avait pris les rênes pour me plaire. , et maintenant je dois rester assis pour *lui rendre service* . En fait, pour vous dire un secret, il serait dans de terribles difficultés financières. Tout ce qu'il voulait, c'était *du temps* . Si ses créanciers le croyaient pauvre, ils s'en prendraient à lui comme une volée de cerfs-volants. Deux ou trois mois le remettraient dans l'ordre. Alors j'ai cédé. Mais j'ai fait une stipulation ; J'ai dit que je devais dire la vérité à une seule personne.

« Et cette personne hautement honorée ? » demanda-t-elle en fronçant les sourcils.

"C'était toi-même."

"Oh, monsieur, *c'en c'est trop* !" Et elle lui fit une profonde inclination.

« Ne vous moquez pas de moi, s'il vous plaît », s'est-il exclamé d'une voix basse et aiguë. « Un jour, j'étais sur le point de parler et j'ai été interrompu par la panthère. Ensuite, cet enfant intolérable m'a retiré ces mots de la bouche, et vous les avez méprisés. Pour une fois dans sa vie, elle t'a dit la vérité, toute la vérité : je t'aime.

Il n'y avait aucun tremblement ni hésitation autour de ces quatre syllabes, mais il y avait un tremblement considérable autour de la main qui tenait un certain éventail en plumes blanches, posé sur la grille. L'éventail, peu habitué à un traitement aussi incertain, glissa rapidement et tomba comme un oiseau blanc mort dans un lit de nénuphars en contrebas. Personne ne l'a cherché; les secondes et les sensations étaient inestimables.

« Je t'aime, mieux que ma propre vie ; mais j'avais peur de parler, tu étais tellement à court d'argent.

Comment pouvait-il deviner les hochements de tête, les signes et les sourires de certaines vieilles dames occupées près de Hoyle, qui avaient plus que fait allusion à un mariage rapide et à un mari riche, résultat d'un voyage en Inde ? Comment pouvait-il connaître des yeux flamboyants et des joues écarlates, et un rejet passionné, sinon de l'Inde, du moins d'un beau futur partenaire, et de l'argent ?

« J'avais l'intention de vous le dire ce soir, sur mon honneur , je l'ai fait ; mais avec ma cruelle malchance habituelle, ce petit mendiant est intervenu avant moi. Et vous êtes mort contre moi, et avec raison, je l'avoue ; mais tu ne dois pas dire que tu ne me parleras plus jamais. Venez, Miss Gordon, donnez-moi une autre chance. Alors qu'elle restait obstinément muette, il continua avec un air de détermination tranquille : "Tu me donneras une réponse avant que j'aie récupéré ton éventail ?"

La colère d'Honor s'était, comme d'habitude, calmée. Elle commençait alors à voir les choses de son point de vue, et son indignation se transféra immédiatement sur le capitaine Waring. M. Jervis avait été l'outil et la patte de chat de ce gentleman libre et facile sans scrupules. Oui, elle comprenait maintenant les allusions hésitantes du premier à la chasse et au polo, ses phrases à moitié prononcées, et comment il s'était soudainement arrêté, avait balbutié et aurait évidemment été heureux de se rappeler ses propres paroles. Une ou deux fois, elle avait entrevu, immédiatement réprimée, un ton un peu péremptoire, le ton et l'air de quelqu'un habitué à se faire obéir. Elle se souvenait aussi de sa familiarité facile avec l'argent, de sa générosité insensée — comme elle l'avait jusqu'alors considéré —.

Pendant ce temps, Mark descendit en courant et ramassa l'éventail blanc sur son lit de lys, secoua les gouttes de rosée de ses plumes délicates et, tout en le rendant à son propriétaire, il la regarda droit dans les yeux.

« Honneur », dit-il d'une voix basse et impatiente, « vous laisserez le passé derrière vous et vous me pardonnerez, n'est-ce pas ?

Honor hésita, ses lèvres tremblaient comme si elle ne savait pas si elle devait rire ou pleurer.

« Vous m'aimez un peu, j'espère », plaida-t-il anxieusement.

Les lèvres s'étirèrent en un sourire léger mais indubitable.

«Tu es la seule fille à laquelle je me suis jamais soucié. Je jure que c'est la *vérité* et non le relevé de stock habituel. J'ai eu le pressentiment que tu étais mon destin cette nuit où nous avons marché le long de la voie ferrée. Cet Eurasien dans la cabane avait un œil prophétique !

"Je n'en suis pas si sûr!" dit-elle avec une soudaine véhémence. "Vous saviez très bien que vous auriez dû parler il y a *longtemps* ."

"Je t'aurais parlé il y a des semaines, mais je ne savais pas quelle réponse tu me donnerais."

"Oh!" reculant avec un geste d'horreur indescriptible. « Que penses-tu que je voulais dire ? Je veux dire, pour que tu aurais pu nous faire savoir à tous qui tu étais.

"Mieux vaut tard que jamais, j'espère", répondit-il rapidement. « Mon oncle sait tout sur toi. Puis-je parler à votre tante ce soir ?

« Que veux-tu lui dire ? elle a hésité.

« Que je vais être son neveu », répondit-il avec le plus grand calme.

"Non-non-non", éclatant d'un rire à moitié hystérique, "vous devez me donner du temps, je veux y réfléchir."

« Honor, » s'approchant d'elle et prenant résolument sa main tremblante dans la sienne, « ne peux-tu pas y réfléchir *maintenant* ? Veux-tu m'épouser?"

Bien que ses doigts tremblaient dans sa prise, elle se tenait nerveusement droite, alors qu'elle regardait en silence les montagnes inondées de lune, les yeux fixés sur l'horizon lointain avec le regard perdu dans la méditation. Elle avait rassemblé de nombreuses pensées en l'espace de quelques secondes. Parmi eux, ceci...

« La main gantée dans laquelle la sienne était emprisonnée, comme elle était forte et inébranlable – une main courageuse pour la guider, la soutenir et la défendre tout au long de la vie. »

Finalement, avec une brusquerie nerveuse et tremblante, elle fit cette remarque totalement hors de propos et inattendue :

« Je me demande ce que diront les gens lorsqu'ils apprendront quel horrible imposteur vous avez été ! Bien sûr, je sais ce qu'ils diront de *moi* – que j'ai deviné la vérité depuis le début – et j'ai magnifiquement joué mes cartes ! Oh, je peux les entendre le dire ! »

Et elle retira précipitamment ses doigts et le regarda avec un mélange de défi et de consternation.

"Tu penses plus à ce que les gens diront qu'à moi, Honor!" s'exclama-t-il avec reproche.

"Non non!" remplie de componction instantanée, et ses rougeurs pendant qu'elle parlait étaient visibles même au clair de lune. "Je pense plus à toi qu'à quiconque, Mark." Puis, comme effrayée par son propre aveu, elle s'empressa d'ajouter : « Tout le monde entre, et voici mon prochain associé qui vient me chercher.

"Laissez-le regarder!" » fut la réponse sans principes. « Allons-nous descendre nous asseoir sur le banc du terrain de tennis, près du grand verveine ? »

« Mais je suis fiancée au major Lawrence », objecta-t-elle, même si elle savait que résister était inutile.

"Sans aucun doute; mais vous êtes fiancés à *moi* ; vous et moi devons être partenaires pour la vie. Ah, ah ! avec un rire triomphal. « Là, il a été attaqué par Mme Troutbeck ; il ne lui échappera pas avant une heure. Ils y retournent tous », jetant un coup d'œil à de nombreux autres couples qui gravitaient vers le club ; nous aurons la maison pour nous seuls. Venez, » et la conduisant sur les marches, ils passèrent au milieu de parterres de fleurs scintillants et de fleurs douces et pâles, jusqu'à un banc rustique récemment libéré. « J'ose dire que vous vous êtes souvent demandé ce qui m'avait retenu à Shirani ? il a commencé. « Je suis venu, au départ, dans l'espoir de rencontrer mon père. Il est ici depuis trente ans, il a été dans la cavalerie indienne et s'est installé dans ce pays qu'il aime. Mon oncle est mon père adoptif et j'ai très peu vu mon vrai père depuis que je suis enfant ; il vit dans une retraite mystérieuse dans ces collines, à une cinquantaine de kilomètres de là, et est veuf pour la deuxième fois. J'ai attendu semaine après semaine, espérant qu'il me ferait venir – c'était la principale raison pour laquelle je restais à Shirani. Ce n'est plus le cas, comme vous le savez très bien ; en fait, dernièrement, vous l'avez chassé de ma tête !

— S'il était *mon* père, j'irais lui rendre visite, sans attendre d'invitation, dit Honor résolument.

« J'ai écrit plusieurs fois pour lui dire que j'aimerais le voir et pour lui demander quand je pourrais commencer – un indice assez clair, sûrement ?

« Vous êtes trop pointilleux. Pourquoi attendre qu'on me le demande ? Voilà, cette valse est finie ; comme c'était court. Maintenant, je dois vraiment y aller.

«Quelle chose que d'avoir une conscience ! Un sens aigu du devoir envers ses partenaires ! s'exclama-t-il en riant. "Cependant, je suis moi-même l'un d'entre eux et je vous laisserai partir facilement."

«Non, merci», répondit-elle avec une rectitude sans compromis. « Priez, qu'en est-il de vos propres partenaires ? Et vous êtes également l'un des hôtes !

« Je vois que je peux toujours compter sur vous maintenant pour me rappeler mon devoir », dit-il en se levant avec une extrême réticence. "Et je ne me suis jamais senti aussi enclin à y échapper que maintenant."

« Je suis sûr que j'aurai bien assez à faire pour me souvenir de mes propres défauts ; mais en tout cas, je parviendrai à vous rappeler le vôtre ce soir. *Nous* devrons demain, avec un petit soupir joyeux, et elle se leva aussi pour partir.

« Oui, s'il vous plaît à Dieu, des milliers de demains. Mais, Honor, ce moment unique que vous avez si hâte de passer et de laisser derrière vous ne pourra jamais se répéter ni s'effacer ; cette heure où tu t'es donné à moi ici, dans ce jardin indien envahi par la végétation, sous la Croix du Sud. Quand nous serons les vieux Darby et Joan, assis au coin du feu dans l'Angleterre où le travail est froid, nous le ferons - en tout cas, *je* je dois… considérer cette heure comme sacrée », et il passa son bras autour d'elle et l'embrassa.

L'information selon laquelle Jervis était le Simon Pur, le véritable, le véritable et le seul millionnaire, résonnait d'une oreille à l'autre et s'était rapidement répandue dans le club comme une traînée de poudre. Mme Brande cessa de bâiller, s'éventa fébrilement et refusa catégoriquement d'en croire « un seul mot ». Mme Langrishe , pour une fois, restait muette et maussade. Des choses plus improbables s'étaient produites au cours de son expérience quelque peu étendue. Le colonel Sladen balbutiait tout son vocabulaire d'éjaculations et de jurons, et les sourcils de Lalla Paske se perdaient presque sous sa frange ! Bien sûr, c'était le seul et unique sujet ; l'air palpitait encore de la nouvelle lorsque, pendant une pause entre deux danses, M. Jervis et Miss Gordon entrèrent dans la salle de bal. Leur entrée produisit un effet assez dramatique. Comme son air est bien élevé, comme son profil et la pose de sa tête sont fins ; avec quelle grâce facile ses vêtements reposaient sur lui – des vêtements qui étaient indéniablement confectionnés par un tailleur londonien de premier ordre. Ces petits détails frappaient maintenant des gens qui jusqu'alors ne lui avaient guère accordé un regard. Quant à Miss Gordon, elle a toujours été belle et charmante. Ils formaient un couple d'une efficacité hors du commun, et ils avaient l'air si radieux que leur bonheur futur était évidemment une chose réglée. Oui, maintenant qu'on y pensait, ils avaient *toujours* été de bons amis.

« Et c'était vraiment trente mille par an ? Était-ce dans du savon ou du porc ? En tout cas, c'était un match magnifique pour une fille sans le sou ! murmura une dame mariée à son partenaire.

« Bien sûr, la vieille femme était dans le secret depuis le début », remarqua Mme Langrishe à un voisin ; « Elle est bien plus intelligente qu'aucun de nous ne l'a supposé. Oh, quel jeu profond elle a joué ! *Quel* vieux serpent !

CHAPITRE XXXI.
LA CONvocation.

Au clair de lune, brillant comme le jour, M. Jervis rentrait chez lui à côté du pousse-pousse de Miss Gordon. Son éventail révélateur dépassait de la poche de son pardessus.

Oui, leur petit monde n'était pas aveugle ; c'était évidemment une chose réglée. La plupart des gens étaient contents. Les Brande étaient sûrs de célébrer le mariage avec « style » ; et un mariage serait une agréable variété de danses et de pique-niques.

«Je viendrai demain matin», dit-il en lui lâchant la main à contrecœur, «demain avant midi.»

M. Brande, qui s'était enfui de bonne heure, était rentré chez lui et était resté au lit et endormi depuis quelques heures.

Il fut soudain excité par sa femme debout à son chevet, son manteau pendant sur ses épaules, son coiffeur un peu dérangé, une lampe à la main illuminant un visage inhabituellement excité.

"Bien qu'est- *ce que* c'est?" » demanda-t-il avec une irritation pardonnable.

« Ah, P. ! qu'en penses-tu? Un homme est venu de Simla … »

"Oui", se redressant soudain, son esprit officiel immédiatement en alerte pour une dépêche urgente et importante.

"Il est sorti avec eux dans le même bateau", haletait-elle.

Sarabella, sa femme, était-elle soudainement devenue folle ?

"Il dit que c'est Mark, et non Waring, qui est l'homme riche."

«Il l'a dit après le dîner, je suppose», grogna M. Brande. "Il était *ivre* !"

"Même pas un peu! J'ai abordé Mark lui-même et il a avoué. J'étais très en colère d'avoir été dupé. Il déclare qu'ils l'ont fait sans vouloir faire de mal au début et que lorsque c'est allé trop loin, il n'a pas su quoi faire. Il est vraiment désolé.

« Qu'il est millionnaire ! Oh oui, je devrais le penser !

– Il viendra demain à la première heure pour vous raconter tout cela ; et, sauf erreur, de vous parler d'honneur.

"À propos d'elle?" nettement.

« Pourquoi, cher homme stupide, dors-tu encore ? Tu ne peux pas deviner ?

« Vous m'avez dit qu'il n'y avait rien de tel ; en fait, » avec un rire colérique, « que « le garçon », comme vous l'appeliez, *vous* était désespérément dévoué .

"Quel truc!" » elle a éjaculé avec indignation. « Il en aura trente mille par an ! Je sais que je ne fermerai jamais les yeux ce soir !

« Et je suis résolu de bonne humeur à vous garder en contenance. Vous auriez pu, je pense, réserver ce canon double de quarante livres pour la matinée.

"Et c'est tout ce que je reçois de mes remerciements", grommela-t-elle alors qu'elle s'éloignait lentement vers sa loge.

À peu près au même moment, Mark Jervis fumait une cigarette dans son salon vide. Devant lui, sur la table, étaient posés un éventail en plumes blanches et un programme . Il était bien trop heureux pour se coucher, il avait envie de s'asseoir et de réfléchir. Ses pensées étaient les pensées brillantes habituelles du jeune rêve d'amour, et alors qu'il regardait la fumée s'élever lentement, l'air était plein de châteaux. Ces beaux édifices furent quelque peu brutalement brisés par l'entrée de son porteur, enveloppé dans un resai et l'air extrêmement endormi, une lettre à la main.

« Un Pahari a apporté ça pour le sahib il y a trois heures », lui tendant une enveloppe remarquablement sale et maltraitée.

Bien sûr, c'était enfin de son père. Il l'a déchiré, et voici ce qu'il disait :

" MON CHER FILS ,

"Je suis très malade. Si tu veux me voir vivant, viens. Le messager vous guidera. J'habite à quarante milles. Ne perdez pas de temps.

"Votre père affectueux,
" H. JERVIS .

La lettre datait de quarante-huit heures.

« Le messager est-il ici ? » demanda-t-il avec impatience.

"Oui, sahib."

« Alors appelle le poney gris Syce ; dis-lui de prendre Gram et Jule et de seller le poney. Je pars à l'intérieur. Je dois commencer dans vingt minutes.

Le porteur cligna des yeux, incrédule.

"Je n'ai pas besoin de t'emmener." Le visage du porteur s'élargit en un sourire de soulagement intense. « Je serai absent plusieurs jours. Sortez mon équipement d'équitation, mettez quelques vêtements dans un sac, demandez au cuisinier de préparer du pain, de la viande et tout, et dites au coolie que je serai prêt très bientôt.

Puis il s'assit, tira vers lui son écritoire et se mit à écrire un mot à Honor. Sa première lettre d'amour – et étrange, mais vraie, *la sienne* aussi. Ce n'étaient que quelques lignes pour dire qu'il avait été rappelé tout à coup par son père et qu'il espérait qu'il serait de retour dans la semaine.

Ce fut à la fois une vive déception et un vif plaisir pour la jeune fille lorsque le Ayah lui apporta la lettre à neuf heures. Elle l'a lu maintes et maintes fois, mais elle ne permet pas à nos yeux profanes de le voir, et il ne peut pas non plus être volé, car elle le porte avec elle le jour, et il repose sous son oreiller la nuit : à la fin du semaine, ça devenait un peu effiloché.

Lorsque l'ayah remit la note à Miss Sahib, l'écrivain était déjà à trente kilomètres de Shirani, suivant un Gurwali aux larges épaules , la tête et les épaules enveloppées dans l'invariable couverture brune.

Leur route se faisait par des sentiers équestres de montagne et en direction de l'est ; le paysage était exquis, mais ses beautés étaient entièrement perdues pour Jervis, qui imaginait d'autres scènes dans son esprit. La route serpentait le long des parois abruptes de précipices dénudés, ou s'enfonçait soudainement dans des gorges boisées, ou encore longeait une vallée plate, avec des champs cultivés et des murs de pierre peu construits. Plus ils avançaient, plus le pays s'agrandissait, plus les environs devenaient sauvages. A midi, ils s'arrêtèrent pour reposer le poney gris : les jambes brunes et musclées du messager semblaient capables de maintenir leur long trot balancé toute la journée. Il était quatre heures de l'après-midi lorsqu'ils arrivèrent au terme de leur voyage ; ils descendirent brusquement dans un vallon plat et boisé, entouré de collines sur trois côtés, en pente vers les plaines sur le quatrième. Un sentier partant du chemin cavalière les mena dans une jungle dense d'herbes hautes, pleine de bétail, de poneys de bât et de mulets. En sortant de là, ils arrivèrent à un mur qu'ils longèrent pendant environ trois cents mètres, et tournant un coin brusque, ils se trouvèrent devant une grande maison carrée et jaune, haute de deux étages.

On aurait dit qu'il avait été physiquement transplanté d'Angleterre. Il n'y avait rien d'irrégulier ni de pittoresque : les fenêtres étaient en rangées, le toit était carré et avait un parapet, la seule innovation était une longue véranda qui faisait tout le tour du bâtiment et qui était apparemment de date récente, un simple postérieur. pensée.

Mark, tandis qu'il montait les marches, cherchait autour de lui le coolie ; il avait soudainement disparu. Il n'y avait personne en vue. Il monta jusqu'à la véranda, elle était déserte, à l'exception de quelques volailles qui semblaient délicieusement chez elles. C'était plus la véranda d'une habitation indigène que l'entrée de la maison d'un Anglais.

Le nouveau venu regarda autour de lui avec attente et vit trois charpoys à cordes, un paquet de literie sale, une paire de chaussures, un huka et un turban.

La porte, sans peinture ni clochettes, était entrouverte. Il la poussa et se retrouva dans un grand hall sombre et très sale. Ici, il a été confronté à une vieille chèvre et à deux chevreaux ; à gauche, il aperçut une pièce qui semblait n'être qu'une simple répétition de la véranda.

Alors qu'il hésitait et regardait autour de lui, un homme apparut soudainement, vraisemblablement un serviteur, portant un énorme turban rouge et un confortable manteau en tissu bleu. Il était gros et aisé, avait un gros visage, une barbe carrée noire et des lèvres remarquablement épaisses.

Il parut considérablement déconcerté lorsqu'il aperçut l'étranger, mais se redressa et prononça les mots « Durwaza , Bund » avec une dignité écrasante. Ajout en anglais—

"Le sahib ne voit jamais personne."

«Il me verra», dit Mark avec décision.

« Sahib malade, sar , ne voyant personne, ce sont mes ordres. Sahib n'a vu aucun sahib depuis de nombreuses années.

«Eh bien, il m'a fait venir et je suis venu. Laissez-moi le voir immédiatement. Je suis son fils.

L'expression du mahométan passa instantanément d'une haute condescendance à l'étonnement le plus absolu.

"Le fils du sahib!" répéta-t-il avec incrédulité.

"Oui. Je vous l'ai déjà dit une fois. Soyez attentif et envoyez quelqu'un s'occuper de mon poney ; J'ai parcouru un long chemin.

Le porteur s'éloigna et resta absent environ cinq minutes, pendant lesquelles Mark eut le loisir de constater la saleté et l'état négligé, presque en ruine, de la maison - qui avait été à l'origine une belle demeure - d'écouter de bruyants bavardages et chuchotements dans la salle. chambre à côté de lui, et d'observer plusieurs paires d'yeux indigènes scrutant avec impatience à travers une fente de la porte.

«Viens avec moi», dit le porteur d'un air maussade. "Le sahib vous verra tout à l'heure."

"Est-ce qu'il va mieux?"

« Oui, il va très bien ; s'il vous plaît, asseyez-vous ici », et il ouvrit la porte d'une immense salle à manger, meublée de meubles en bois noir sculpté de Bombay et d'un tapis indien poussiéreux. C'était une pièce qui n'était évidemment jamais utilisée et qui était rarement ouverte. Ses trois grandes et longues fenêtres, incrustées de crasse, donnaient sur la neige. C'était évidemment l'arrière de la maison ; le front dominait la vue sur les plaines. Le site avait été admirablement choisi.

Un plateau noir, avec de la viande froide et du mauvais pain très aigre, fut apporté, et une place fut dégagée sur la table poussiéreuse par les efforts conjoints de l'auditeur boudeur et d'un khitmaghar , avec un œil moulé et la silhouette la plus maigre. Mark n'avait jamais vu. Cependant, il avait beaucoup trop faim pour être fastidieux, et dévorait les rafraîchissements avec un appétit capital. Pendant ce temps, comme à leur habitude, les deux hommes restaient là en silence, les bras croisés, fixant avec une attention concentrée et un regard inlassable jusqu'à la fin du repas.

Il faisait tout à fait nuit lorsque le porteur reparut, et, ouvrant la porte, il annonça d'un ton profondément irrité :

"Le sahib verra le sahib."

Mark suivit le dos gras, carré et agressif, jusqu'à ce qu'il atteigne une arcade recouverte de rideaux et fut introduit dans une pièce haute et sombre, si sombre qu'il pouvait à peine distinguer la silhouette qui se levait pour l'accueillir - un grand homme courbé en une robe de chambre.

"Mark, mon garçon, c'était comme si tu venais si tôt", dit une voix tremblante. "Comme tu étais enfant", et il tendit ses deux mains avec impatience.

«Je n'ai reçu votre lettre qu'à quatre heures du matin, monsieur», dit son fils. "J'espère que vous allez mieux?"

«Je suis pour le présent. Je vous ai fait venir en toute hâte par messager particulier, parce que je croyais qu'il ne me restait que quelques heures à vivre, et que j'avais désespérément envie de vous voir.

«J'espérais que vous m'enverriez chercher depuis deux mois. Comme vous le savez, j'attendais à Shirani.

"Oui oui oui! Parfois, la tentation était presque irrésistible, mais je me suis battue contre elle ; car pourquoi devrais-je assombrir votre jeune vie ? Cependant, je n'avais pas le choix ; la situation m'a été imposée, ainsi qu'à vous. Mon fidèle compagnon, Osman, est décédé il y a dix jours, mais nous en reparlerons une autre fois. Ces voix dans ma tête m'interrompent ; surtout cette voix de femme », avec un geste irritable.

Son fils ne pouvait, pour sa vie, penser à aucune remarque immédiate ou appropriée, et resta assis dans un silence embarrassé, puis le major Jervis continua :

« Tu as vingt-six ans maintenant, tu es un homme adulte, Mark, et tu parles comme un homme ! Je n'ai pas encore bien regardé ton visage. Je me demande si c'est le même visage que celui de mon propre garçon aux yeux honnêtes ?

La réponse serait prompte, s'il le voulait, car le maigre khitmaghar chancelait maintenant sous le poids d'une grande lampe « argand » nauséabonde (un motif éteint partout sauf dans les régions reculées de l'Inde).

Mark regarda son père avec impatience. Sa tête était penchée entre ses mains. Bientôt, il le releva et regarda son fils avec un air d'appréhension indubitable. Son fils avait l'impression d'être confronté à un parfait inconnu ; il n'aurait jamais reconnu ce vieillard cadavérique aux cheveux gris comme le beau et fidèle sabreur dont il s'était séparé seize ans auparavant. Il paraissait avoir soixante-dix ans. Ses traits étaient aiguisés comme par une douleur constante, son teint était cendré, ses mains émaciées, ses yeux enfoncés ; il portait une robe de chambre en poil de chameau et une paire de pantoufles miteuses.

"Vous êtes exactement ce à quoi je m'attendais", s'exclama-t-il après une longue pause. « Tu as les yeux de ta mère ; mais tu es un Jervis. Bien sûr, vous voyez un grand changement en moi ?

"Eh bien, oui, plutôt", acquiesça son fils, avec une sincérité réticente. "L'Inde vieillit les gens."

« Vous pensez que c'est une vie étrange que je mène, j'en suis sûr ; à des kilomètres de mes compatriotes, enterrés vivants et oubliés depuis longtemps ?

« Non, pas oublié, monsieur. Vous souvenez-vous de Pelham Brande, de la fonction publique ? Il te demandait seulement l'autre jour.

« Je crois que je me souviens de lui : un garçon intelligent, avec une très jolie femme, dont les gens disaient qu'elle était une servante. (Combien de temps ce genre de choses reste dans la mémoire des gens.) Je suis hors du monde depuis des années.

« Mais vous y reviendrez. Reviens en Angleterre avec moi. Qu'y a-t-il pour vous retenir dans ce pays ?

« Quoi, en effet ! » avec un rire discordant. "Non, mon cher garçon, je ne quitterai jamais le Pela Bungalow, comme on l'appelle, tant que je n'en serai pas sorti les pieds devant."

"Pourquoi dis-tu ça? Vous êtes un homme relativement jeune : pas plus de cinquante-cinq ans.

« Je me sens vieux de mille ans ; et je souhaite souvent être mort.

« Je ne me demande pas ! Je dirais la même chose si j'avais vécu seul ici pendant sept ans. Comment tue-t-on le temps ?

« Je ne tue pas le temps. Le temps me tue. Je me promène parfois dans le jardin, mais en général je m'assois et je réfléchis. Tu dois être fatigué, mon garçon », comme frappé par une pensée soudaine.

«Eh bien, je le suis, je dois l'avouer. J'étais au bal jusqu'à quatre heures du matin.

« Un bal jusqu'à quatre heures du matin ! Il a répété. « Comme cela semble étrange. On dirait l'écho d'une voix qui parlait il y a vingt ans !

Le dîner était servi à une petite table ; une volaille pour Mark, de la nourriture brevetée pour le major Jervis. La cuisine était atroce, l'assistance négligente, les rendez-vous splendides, mais crasseux. C'était la même chose dans tous les départements : un mélange extraordinaire de misère et de magnificence. Il sembla au jeune homme indigné que ces vauriens de domestiques pensaient que tout était assez bien pour son père.

le huka du major Jervis fut apporté, il regarda son fils et dit :

"Tu fumes, bien sûr?"

"Oui merci; mais pas ce genre de chose. Je ne saurais pas comment le faire fonctionner.

La dernière fois qu'il avait allumé une cigarette entre quatre murs, il ne devinait guère le style de son prochain environnement. La pièce n'était pas inconfortable, les meubles étaient massivement sculptés et luxueux, le riche tapis persan ; il y avait des bibliothèques pleines de volumes, et de beaux tableaux aux murs ; mais le papier se décollait en bandes et des toiles d'araignées pendaient aux coins comme des cordes. Les livres étaient crasseux de moisissure , les tapis et les rideaux recouverts de poussière ; certes, une sorte d'oasis avait été dégagée autour de la chaise du major Jervis, mais partout où le regard se tournait, il y avait des signes de négligence, de pauvreté et de décadence. Les pantoufles de son père étaient trouées, son linge effiloché ; apparemment, c'était un homme pauvre. Qu'était devenue la fortune de la reine ?

CHAPITRE XXXII.
« LA PELA KOTHI » OU « LA MAISON JAUNE ».

Lorsque Mark Jervis se réveilla le lendemain matin, dans une pièce totalement inconnue, il se demanda s'il rêvait, tandis qu'il contemplait les lourds vieux meubles sculptés, les tentures décolorées des fenêtres, les curieuses images de dévotion et le petit crucifix noir et le récipient d'eau bénite. au pied du lit. (La famille Cardozo était bien sûr catholique.) Non, il ne rêvait pas, mais enfin sous le toit de son père.

Dès qu'il fut habillé, il sortit avant le petit déjeuner pour veiller au bien-être de son domestique et de son poney. La cour ressemblait à celle d'un sérail, tant elle était pleine d'indigènes qui le regardaient d'un air interrogateur tandis qu'il se frayait un chemin parmi les moutons, les chèvres, les buffles et les enfants, jusqu'aux écuries, vestiges en ruine de ce qui avait autrefois été un tas imposant. Un vieux poney poilu Bhoetia et le sien étaient désormais les seuls occupants. Son sice s'approcha de lui avec empressement, avec un visage de consternation pitoyable.

« Pas de gramme pour un poney, sahib » – levant les mains de façon dramatique. "Je ne donne jamais de grammes ici, rien."

« Je vais voir ça, va en acheter » – en lui tendant des roupies.

« Oh, sahib » – mettant maintenant ses mains dans une attitude de prière. «Beaucoup, beaucoup de Budmashes dans cet endroit. Sahib, voyageons aujourd'hui, rapidement vers Shirani.

« Dans quelques jours, Dum Sing – pas encore ; en attendant, prends soin de toi et du poney. Et il se dirigea vers le jardin.

Les jardins, quoique quelque peu négligés, étaient en parfait état par rapport à la maison ; ils étaient disposés en terrasses pierreuses dont les murs étaient chargés de fruits ; il y avait des fleurs et des légumes en abondance, un étang à poissons rond, plusieurs statues, des pavillons d'été et une grande équipe de mallee travaillant avec un zèle surprenant. Une large promenade en terrasse commandait, en arrivant à une extrémité, les neiges, et un grand panorama sur les plaines en arrivant à l'autre. Au milieu de ce sentier, il y avait une piste très fréquentée, qui indiquait que c'était une promenade favorite , et à l'extrémité la plus proche de la plaine il y avait un siège.

Ici, Mark a été rejoint par son père. Il était vêtu d'un costume Puttoo rétréci et avait l'air frêle et faible, mais un tel gentleman malgré toute sa misère !

"C'est ma promenade et mon siège", a-t-il expliqué. «Je reste assis ici pendant des heures. Cette ligne blanche, tout en bas, c'est la route des charrettes, et avec un bon verre on distingue les charrettes et les tongas ; et au loin, dans les plaines, deux fois par jour par temps clair, on aperçoit la fumée du train. Après tout , j'ai *un* aperçu du monde.

"Et comment allez-vous chez les voisins , monsieur?"

« Mon plus proche est un missionnaire et médecin américain ; il est à douze milles d'ici ; et il y a une mission allemande à quinze milles de l'autre côté de cette colline » – pointant du doigt avec un bâton.

« Et ton message ? Et tes lettres ?

« Oh, je ne veux pas de message ; une fois tous les six mois environ, j'envoie un coolie à Ramghur .

"Alors tu ne prends pas de journal quotidien?"

"Oh non; pourquoi devrais-je? Il y a des piles de vieux objets dans la maison », fut la réponse étonnante.

« Et les livres ?

«Je suis un homme d'un seul livre. J'ai lu la liste de l'armée indienne ; c'est assez de littérature pour moi. Les noms de certains individus évoquent à eux seuls tout un roman.

"Tu te sens mieux aujourd'hui, j'espère?"

« Oui, je vais exceptionnellement bien. Vous n'êtes pas marié, n'est-ce pas ? » demanda-t-il brusquement.

"Non, pas encore" - plutôt surpris par le changement soudain de sujet. "Mais j'espère me marier d'ici peu."

« Espoir, espoir ; c'est ce que nous disons tous. Ne le laissez pas aller au-delà. Hope a raconté une histoire flatteuse. Je ne crois pas à l'espoir.

"Pourquoi pas?" » demanda son compagnon avec inquiétude.

« Vous voyez cette terrasse », s'écria-t-il comme s'il n'avait pas entendu ; « Je le parcourt exactement cent fois par jour ; Je prends cent haricots dans ma poche et j'en mets un sur ce banc chaque fois que j'y viens. Je trouve cela très intéressant ; seulement parfois, les oiseaux volent mes haricots, et cela m'énerve, et je perds le compte, et je dois recommencer la centaine entière, et je suis si fatigué. Mais je dois le faire, sinon ils seraient en colère.

"Qui serait en colère, monsieur?"

"J'oublie, juste à ce moment là, les haricots ou les oiseaux."

« Vous semblez avoir ici des arbres fruitiers merveilleusement beaux », dit Mark après un long silence expressif.

« Oui, les mallee travaillent bien, les coquins, parce que je leur donne tous les légumes, les fleurs et les fruits, ainsi que leur salaire. Ils en font une bonne chose ; les pêches, les poires et les prunes de la Maison Jaune sont célébrées.

Mark se souvenait maintenant d'avoir entendu parler de leur renommée dans le lointain Shirani.

« Asseyons-nous ici et discutons », a poursuivi le major Jervis. « Pour une fois, je renoncerai à ma promenade ; ce n'est pas tous les jours que j'ai mon fils pour m'écouter. Les événements récents semblent flous et sombres, mais je me souviens clairement des années passées. Mark, mon garçon, dois-je te dire quelque chose sur moi et comment j'ai passé ma vie ? Voudriez-vous le savoir ?

"Je le ferais, bien sûr."

« Alors écoute-moi. Vous savez que je suis le plus jeune fils d'une bonne vieille famille : Jervis de Jervis. Mon père, votre grand-père, était le général Vincent Jervis, et… je ne peux pas lui dire *ça* » (à part pour lui-même). «Ma famille m'a légué un beau profil, un visage aristocratique et autre chose (mais je ne peux pas *le lui dire*). Je me suis marié par amour et je peux recommander l'expérience. Ta mère et moi avons marché très joyeusement, même si j'ai toujours eu des goûts extravagants – hérités, comme mon nez et le vôtre. Quand elle est morte, j'ai effectivement perdu ma moitié : mon casque, mon meilleur conseiller, mon tout. J'ai retombé dans mes anciennes habitudes de célibat et de dilapidation, et je me suis endetté ; mais je t'ai payé à l'heure. Puis je suis tombé sur Miss Cardozo. Elle n'était pas très jeune, mais belle, agréable et riche : elle est tombée amoureuse de moi. J'étais un major beau, fringant et insouciant dans un régiment de cavalerie indigène d'élite. Elle appartenait à ce pays par sa race et ses goûts. Il y avait beaucoup de bête autour d'elle ; elle détestait l'idée d'avoir un beau-fils et j'ai permis à contrecœur à votre oncle de vous adopter. Je savais que tu serais riche et bien entretenu ; mais même alors, j'ai lutté contre les convictions de votre oncle. J'ai dû pressentir ces jours où je serais désolé et seul. J'étais assez content de Mércèdes ; nous menions une vie gaie, errante et extravagante. Nous avions beaucoup d'amis, beaucoup d'entrain, beaucoup d'argent. Mércèdes n'avait pas de parents, mais un, Dieu merci ; un cousin graisseux à Calcutta. Seigneur, pardonne- moi, mais je le déteste ! Ma femme avait un cœur gentil et chaleureux, mais elle était passionnée, excitée et jalouse. Elle laissait trop de liberté à ses sentiments ; elle a giflé une autre femme lors d'un bal public, elle a chaussé ses domestiques, elle a accumulé d'énormes factures et elle n'a jamais pu dire la vérité. En fait, elle préférait mentir, même si elle n'y gagnait rien. Pouvez-vous imaginer une telle chose ? Cependant, nous avons tous nos défauts ; et c'était une bonne âme, même si elle n'était pas comme votre mère. On dit qu'un homme préfère sa première femme, une femme son deuxième mari. Qu'en penses-tu, hein, Mark ?

"Je ne suis pas en mesure d'en proposer un", a-t-il répondu en souriant.

« Oh, j'ai oublié, bien sûr que non. Eh bien, il y a huit ans ce mois-ci, nous quittions Mussouri pour nous rendre chez nous au Doon ; nous étions au courrier tonga , nos poneys étaient à moitié cassés ; Même si nous avions un bon conducteur – le meilleur sur la route – il se contentait de les retenir, alors qu'ils roulaient avec la lourde barre d'acier, faisant du cliquetis, du cliquetis, du cliquetis. À seulement un kilomètre et demi, une chèvre perchée sur la falaise tomba brusquement sur la route, les brutes s'écartèrent sauvagement, les fortes balustrades en bois s'accrochèrent au flanc du tonga , elles se tendirent - je les entends maintenant - se brisèrent, s'écrasèrent, puis il y eut un moment de folie. lutte du conducteur et des poneys - trop tard, c'est fini ! Ils montrent encore l'endroit, j'ose dire – une chute de deux cents pieds. Les poneys ont été tués, ainsi que le conducteur et ma femme. La façon dont je me suis échappé était une merveille. Ma jambe était cassée, ma tête coupée, mais j'ai survécu. Osman, mon ordonnance, qui était dans l'ancien régiment depuis vingt ans, me soignait à Mussouri ; et, dès que j'ai pu être déplacé, je suis venu ici. Je m'en souviens comme d'un endroit retiré et calme, avec un charmant jardin. Je voulais du repos; ma tête était blessée et je pensais que je pourrais me ressaisir ici, puis rentrer chez moi, mais je suis toujours là.

«Oui, mais pas pour longtemps», ajouta gaiement son fils; "tu reviendras à la maison avec moi."

« Le testament de Mércèdes a été produit », continua-t-il en ignorant calmement la question ; «Elle avait réussi alors qu'elle n'était pas contente de moi, apparemment. Cet endroit et trois cents acres m'appartiennent, et mille roupies par mois à vie ; aussi ses bijoux et ses ornements en or, qui me sont aussi utiles qu'un tas de pierres. Fernandez reçoit encore aujourd'hui de bons revenus. Toute sa richesse s'accumule jusqu'à ma mort, et alors tout, bijoux, loyers, actions, lui revient. Il est mon héritier. Je ne peux pas vous laisser un sou ; rien que la vieille Maison Jaune.

"Je ne veux pas de l'argent du Cardozo, monsieur."

"Non; et tu en auras plein. Pendant ce temps Fuzzil Houssan dépense mes revenus pour ses relations avec la troisième et la quatrième génération, il rit et engraisse.

« Vous ne laissez sûrement pas tout entre ses mains ? » demanda son auditeur avec incrédulité.

« Oui, la plupart. Rien que pour ça, je suppose qu'il m'empoisonnerait. Je crois qu'il est à la solde de Fernandez – Fernandez, que je garde à l'écart des milliers de personnes par an. De temps en temps, il vient en personne pour voir s'il y a une chance que je meure ? Je lui ai donné plus d'une fois de grands espoirs. Maintenant qu'Osman est mort, lui et Fuzzil vont certainement me précipiter hors du monde – et cela rapidement.

"Qui était Osman?"

« C'était un sowar dans mon régiment – un sikh – nous nous connaissions depuis une demi-vie, et il était pour moi plus qu'un frère. Nous sommes arrivés le même mois, nous sommes partis le même jour. Il a abandonné sa maison, son pays, ses gens, a suivi ma fortune et est mort dans mes bras la semaine dernière. Ici, la voix du major Jervis devint presque inaudible.

« Nous avions bravé ensemble la chaleur et la neige, le feu et l'eau, et pendant les longues soirées ici, pendant que je fumais ma pipe, il me parlait à l'heure du vieux régiment ; un tel discours vaut mieux que n'importe quel livre. Si Osman avait vécu, je ne vous aurais jamais convoqué – non, jamais ; il est resté avec moi jusqu'à ce que la mort le prenne, et vous devez rester ici jusqu'à ce que la mort *me prenne* .

« *Je* t'emmènerai avec moi», dit résolument son fils. « Tout ce que vous m'avez dit me montre que ce pays n'est pas l'endroit pour vous. Plus tôt vous serez de retour en Angleterre, mieux ce sera ; tu reviendras avec moi, n'est-ce pas ?

« Je ne veux pas voir l'Angleterre », répondit-il d'un ton maussade. « L'Inde est mon pays, elle est entrée dans mon sang. J'ai passé mes journées lumineuses ici, et ici je passerai mes journées sombres. Mes journées sont certes sombres, mais elles seront bientôt terminées, et tant mieux. Et maintenant, il est onze heures, dit-il en se levant avec raideur. « Allons prendre le petit déjeuner. »

Après le petit déjeuner, le major Jervis disparut aussitôt, laissant son invité errer seul ; s'émerveiller devant l'extraordinaire *ménage* , les troupes d'enfants indigènes qui crépitaient, les poules, les chèvres qui parcouraient le couloir comme si elles portaient des bottes, l'odeur irrésistible du huka , les grandes pièces mornes, encombrées de pourrissements. meubles, sellerie et tapis. Entre autres épaves, il remarqua un vieux dandy et un side-saddle, propriété sans doute du défunt Mércèdes .

Il se promenait dans la vallée, au grand étonnement des montagnards qui le regardaient bouche bée. Comment, se demandait-il, allait-il passer les longues heures vides jusqu'au coucher du soleil ? Car le porteur lui avait assuré avec condescendance que « le sahib dormirait d'ici là ». Il avait pris une violente aversion pour Fuzzil aux grosses joues , qui ne se souciait guère d'obéir à un ordre, et devait invariablement être convoqué plusieurs fois avant de daigner comparaître. Un Pahari civil, touché par les errances désespérées et sans but du jeune sahib, se porta volontaire pour le guider jusqu'au cantonnement. « Un cantonnement ici ? » répéta-t-il avec incrédulité et accepta l'offre avec empressement. Une marche rapide sur des pistes étroites et des chemins de chèvres les conduisit au sommet d'une colline en direction sud, surplombant une gare abandonnée, le guide de Mark lui expliquant avec volubilité que trente ans auparavant, ils étaient pleins de gorrah -log (soldats) du plaines. Il y avait les casernes, les bungalows et les jardins, avec des arbres qui portent encore des pommes ! Mais le choléra est arrivé un an et a tué la moitié d'un peloton (régiment) et le reste est parti et n'est jamais revenu, sauf une ou deux fois, disaient les gens, pour « un tamashah ».

« Un tamashah , que veux-tu dire ? » demanda brusquement Jervis. Cet homme costaud des collines a-t-il osé le taquiner ?

« Sahibs et mem sahibs : manger, boire, écouter de la musique et des nautches. Pour le reste, » avec un haussement d'épaules, « la place était cédée aux Bhoots et aux démons. »

Une large route charretière, herbeuse, menait au cantonnement désert, et Mark la suivit jusqu'au terrain de parade. Il y avait le réfectoire encore habitable, l'église sans toit, entourée d'un acre de Dieu bien rempli et maintenu en parfait ordre. Il y avait là, en effet, un spectacle des plus surprenants, un cimetière dans la nature, non envahi par la végétation ni étouffé par les mauvaises herbes et les buissons, mais chaque pierre et dalle exempte de mousse, chaque tombe entretenue avec un soin respectueux. Il entra dans le vieux réfectoire à écho et le trouva en excellent état, grâce à ses poutres et ses portes en bois deodar, comme le Pahari le souligna fièrement. Il y avait au moins vingt bungalows debout, à moitié enfouis parmi les arbres et la jungle ; avec des plantes grimpantes emmêlées au-dessus de leurs fenêtres ; dans certains, les vérandas avaient cédé, dans d'autres, les toits s'étaient effondrés, d'autres, au contraire, semblaient défier le temps. Le site était magnifiquement choisi, niché au creux des collines, avec un aperçu des plaines lointaines ; on n'entendait pas un bruit autre que le ruissellement d'un ruisseau, on ne voyait rien d'autre que quelques bœufs des collines et, sous un arbre, des vautours qui ramassaient les os d'un poney mort. Le cantonnement condamné était, malgré toute sa beauté, un lieu mélancolique. Au-delà de Haval Ghat, et en pente vers les plaines, se trouvaient des champs de maïs doré et des villages abrités dans des bosquets d'arbres, des bananiers pittoresques agitant leurs feuilles gracieuses au-dessus de huttes qui, avec leurs toits de dalles confortables, ressemblaient à des cottages anglais.

Le coolie expliqua alors qu'il souhaitait montrer encore un autre spectacle à son homme et le guider chez lui par un itinéraire différent.

Une demi-heure de montée les conduisit à une rue de bonne taille, bordée de maisons de colline aux façades sculptées et aux toits plats. À la grande horreur de l'étranger, elle semblait être entièrement peuplée de lépreux – des lépreux âgés, d'âge moyen, jeunes – et il y avait aussi des enfants lépreux. Ils sortirent en masse et encerclèrent le sahib, manifestant toutes les formes de leur hideuse maladie, alors qu'ils réclamaient de l'aide. Jervis vida ses poches de tout ce qu'elles contenaient sous forme d'argent, distribua l'aumône à la hâte et dans le pire des cas, puis s'enfuit en toute hâte. Il avait profondément honte de ses sentiments de répulsion frissonnante. Supposons qu'il ait été lui-même lépreux – et on sait qu'il existe des Anglais lépreux. Pourtant, il se détourna tête baissée de cet horrible village de vie dans la mort et remonta en toute hâte la colline en direction du Pela Kothi.

Le cantonnement désolé et la léproserie se combinèrent pour le déprimer au-delà des mots, bien que le paysage fût sans égal, l'air aussi exaltant qu'un tonique, et les parfums et les bruits de la forêt suffisants pour éveiller l'imagination la plus engourdie ; Néanmoins, Mark Jervis avait l'impression d'avoir un fardeau sur le dos, comme s'il avait vieilli de dix ans au cours des deux derniers jours. Ce ne sont pas seulement les scènes de l'après-midi qui ont miné son moral. Il y avait son père — son esprit était sans doute ébranlé — il devait s'efforcer de l'éloigner, de le ramener chez lui ; oui, à tout prix.

« Quelle façon curieuse il parlait. Parfois si bien et si raisonnablement ; parfois dans un jargon si incompréhensible. Que voulait-il dire en disant : « Osman est resté ici jusqu'à ce que la mort le prenne ? Tu dois rester ici jusqu'à ce que la mort *m'emporte* ' ?

CHAPITRE XXXIII.
"HÉRÉDITAIRE."

Son long repos de l'après-midi avait ranimé le major Jervis ; il paraissait être un autre homme lorsqu'il était assis en face de son fils au dîner, et parlait non seulement de manière sensée, mais avec esprit, à travers la nappe crasseuse sur laquelle étaient exposés des côtelettes de chèvre fumées et d'autres comestibles indésirables. Il discuta du cantonnement condamné, il se souvint de son existence passée. Les lépreux – c'étaient ses pensionnés et venaient chercher leur allocation chaque semaine – étaient bien soignés entre les missionnaires et les autres. Il parlait de son régiment, de ses anciens camarades ; il a donné des descriptions vivantes d'expéditions de shikar, de porcs salés, de scènes palpitantes de service actif. Il racontait des anecdotes sur des personnes connues de sa connaissance ; il se vantait de ses frères d'armes et décrivait un tournoi de polo comme s'il s'était déroulé hier !

– Et vous avez complètement perdu de vue tous ces amis ? demanda son fils après une pause.

La question semblait rompre le charme ; toute animation disparut soudain du visage du major , toute son expression se changea en celle d'un vieillard rétréci lorsqu'il répondit :

"Oui; J'ai quitté le troupeau, comme un cerf blessé, il y a sept longues années. Je me suis caché d'eux et je suis entièrement oublié. Ici, les gens sont oubliés plus tôt et plus complètement que dans n'importe quel autre pays.»

"Pourquoi ne le dites?" » demanda son fils, incrédule.

« Parce que la vie est si pleine ; les événements évoluent rapidement, les changements se produisent quotidiennement. Le choléra, la guerre, les accidents emportent les hommes et les souvenirs.

Lorsque la table fut débarrassée et les cigarettes sorties, et que Fuzzil et son satellite furent partis à contrecœur, le major Jervis regarda fixement son compagnon pendant un certain temps et s'exclama enfin :

« Tu me ressembles beaucoup, Mark ! Je peux le voir moi-même ; et j'étais considéré comme un bel homme. Mais j'avais un cadre plus grand ; J'ai roulé quelques pierres de plus. Mais tu es un homme plus fort que ton père ; vous avez une mâchoire carrée et une volonté sévère. Vous pouvez dire *non* . Je n'ai jamais pu prononcer ce mot à temps – et de nombreux ennuis m'ont été réservés. Tu souhaites que je rentre à la maison avec toi, mon garçon ?

«Oui», fut la réponse laconique et emphatique.

« Et je veux que tu restes avec *moi* ; tu dois rester avec moi. Je n'ai plus longtemps à vivre. Regardez-moi bien.

Mark jeta un coup d'œil à ses yeux enfoncés, à ses traits usés et émaciés.

« Et tu dois voir le dernier de moi. Je n'ai pas l'intention de vous laisser partir ; non, pour une fois, moi aussi, je peux dire *non* .

« Mais néanmoins, je crains que vous ne deviez me laisser partir, monsieur, et sous peu. J'ai promis à oncle Dan… »

« Oui, » l'interrompit-il avec une passion inattendue, « je comprends ce que vous diriez ; que tu me mettrais ton oncle dans la gorge. Mais après tout, n'êtes-vous pas *mon* fils, ni le sien ? Je t'ai élevé jusqu'à l'âge de dix ans. Quand tu étais un petit enfant et que tu brûlais de fièvre, qui était-ce qui marchait de long en large avec toi dans ses bras pendant des heures ? Pas ton oncle Dan. Qui vous a mis le premier sur le dos d'un poney et vous a appris à vous asseoir comme un sowar du Bengale ? Pas ton oncle Dan. Qui est-ce qui t'a tiré de l'étreinte de ta mère mourante ? Pas ton oncle Dan. Vous êtes ma propre chair et mon sang ; dans le monde entier, je n'ai plus personne d'autre que toi. Depuis la mort d'Osman, je n'ai plus un seul ami. Je suis entouré de vampires de serviteurs. Mon héritier prie chaque soir à genoux son saint patron pour obtenir le télégramme qui apportera la nouvelle de ma mort. Je crois que le formulaire est ici en possession de Fuzzil , rempli, sauf la *date* ! Je suis un misérable, solitaire et mourant, et je t'en supplie, mon fils, de m'épargner quelques mois de ta vie saine et heureuse, de rester à mes côtés et de me protéger. Est-ce que je, » s'appuyant ses coudes sur la table et scrutant attentivement le visage de son fils, « fais-je appel en vain ?

« Voulez-vous que je vive ici avec vous ? »

"Oui", avec une brève emphase.

"Abandonner mon oncle?"

« Pendant un temps, oui. J'ai l'air cruellement égoïste, mais je suis comme un noyé qui s'empare d'un espar. Tu *resteras* ?" Un tremblement parcourut sa voix.

"Je ne peux pas. Non; J'ai promis à oncle Dan que je reviendrais certainement », répondit fermement son fils.

« Votre oncle a la santé, la richesse, une femme et de nombreux amis. Il peut sûrement vous confier à un homme malade et désolé. Le Tout-Puissant m'a beaucoup affligé. Si vous m'abandonnez à mon sort et retournez au galop vers votre vie gaie et vos compagnons, le jour viendra où vous vous en repentirez amèrement. Le fardeau d'Osman est tombé sur vous, et mon propre fils fera-t-il moins pour moi qu'un étranger de sang, un mahométan de foi, un sowar pauvre, ignorant et fidèle ?

Et il tendit la main, et fixa sur son compagnon un regard interrogateur. La pâleur des sentiments concentrés teintait le visage du jeune homme, quelques gouttes de sueur perlaient sur son front.

"Marc, quelle est ta réponse?" » demanda-t-il dans un murmure rauque. "Être rapide. Dites oui ou non, oui ou non.

"Pas maintenant, monsieur", se levant soudainement. « Vous devez me laisser du temps. Donnez-moi quarante-huit heures.

« Ah, il y a quelque chose de plus que votre oncle », avec un regard rapide et expressif ; et il se leva et posa lourdement ses mains sur les épaules de son fils. "Je sais", le regardant droit dans les yeux avec une acuité folle dans le regard, "il y a bien sûr une *femme* dans cette affaire ?"

"Il y en a", a admis Mark, se tenant droit. "Une heure avant de recevoir votre lettre, j'avais demandé à une fille d'être ma femme."

« Et vous n'avez pas besoin de me dire sa réponse… *oui*, bien sûr ; jeune, riche, beau ! Le monde est plein de femmes, envahies par elles. Un homme peut avoir cinquante amantes, mais il n'a qu'un seul père !

"Il n'y a qu'une seule chérie au monde pour moi", répondit fièrement son fils.

Le major Jervis se redressa avec un air d'une dignité formidable et observa délibérément l'orateur dans un silence sarcastique. Soudain son expression changea et se chargea de fureur ; il fit un geste frénétique, comme s'il voulait balayer son fils et sa bien-aimée de la surface de la terre. Puis il arracha un purdah, au-delà duquel il disparut instantanément, le laissant frémir derrière lui.

Après avoir attendu un quart d'heure, Mark monta dans sa propre chambre, qu'il commença à arpenter d'un bout à l'autre. Bientôt, il éteignit la lampe, ouvrit la fenêtre, regarda dehors et inspira longuement. Ses tempes palpitaient comme des moteurs dans sa tête brûlante, chaque fibre de son être, chaque fragment de sa compréhension était maintenant engagé dans une lutte intérieure d'âme.

D'un côté était rangé Honor Gordon, son oncle au bon cœur et indulgent, auquel il était sincèrement attaché : amis, richesse, vie à laquelle il était habitué, vie facile et ensoleillée. D'un autre côté, il y avait *ceci* ! — et il considérait gravement le paysage sombre et étrange, le ciel étoilé qui s'étendait jusqu'à l'horizon mystérieux, et il frissonnait : son père affligé et désespéré, qui ne voulait pas être enlevé et qui ne pouvait pas être enlevé. abandonné.

Son père, qui s'était occupé de lui dans son enfance. Oui! c'était *son* tour maintenant ; et serait-il derrière Osman, le mahométan, qui avait fait par amour, ce qu'il devait faire par devoir ?

« Mais son père pourrait vivre des années ! Était-ce une brute de souhaiter sa mort ? *Souhaitait* -il la mort de son père ? se demanda-t-il avec férocité et frémit de nouveau. Vers quoi venait-il ? Est-ce que deux jours dans la jungle l'avaient transformé en bête ?

S'il acceptait ce qui était clairement son devoir, son oncle le rejetterait, et il devrait renoncer à Honor Gordon ! Était-ce une maison où l'amener ? » exigeait sombrement le bon sens. Et il serait désormais véritablement sans le sou ! Il fut torturé par des doutes et des tentations déchirantes, tandis que le devoir ou l'inclination prenaient le dessus. Il y a deux nuits , il ne pouvait pas dormir de bonheur ; maintenant, il ne pouvait pas se reposer de la misère ! Il résolut de vaincre cette fièvre rageuse, d'apaiser ce trouble mental, par la pure fatigue corporelle. Il traversa la maison silencieuse, où il trouva toutes les portes ouvertes, et faillit tomber sur une chèvre et deux chevreaux qui somnolaient dans le couloir, sinon les régions inférieures étaient inoccupées.

Soudain, il se rendit compte d'un grand bruit et d'une lumière brillante à l'extérieur ; des rires, des bavardages bruyants et le bourdonnement complaisant de tam-tams dissipés ! L'enceinte était éclairée par un grand feu et une demi-douzaine de torches enflammées, et remplie d'une foule d'indigènes, qui appréciaient, avec une intense appréciation, les girations solennelles et les chants aigus et aigus de deux filles Nautch vulgaires. Les descentes environnantes étaient pleines de visiteurs animés. L'un était évidemment un bar, tandis que dans l'autre se trouvaient des joueurs. Debout dans l'ombre des marches, inaperçu, Jervis observait ces orgies à loisir. Il distinguait le khitmatghar , mais sans turban, ses cheveux noirs et lisses, séparés comme ceux d'une femme , et tombant sur ses épaules. Il jouait aux cartes avec trois autres hommes ; une bouteille et un gobelet étaient là pour le plaisir général. Le « khit » était absorbé par le jeu, ses yeux semblaient sortir de sa tête alors qu'il suivait avidement les cartes. Pendant ce temps, Fuzzil surveillait solennellement le Nautch et applaudissait de temps en temps avec une condescendance intermittente et ivre.

Quelques paroles acerbes du jeune sahib, qui apparaissait parmi eux comme un esprit, produisirent un effet électrique. Un silence impressionné et immédiat fut suivi d'une ruée et d'une débandade simultanées et désordonnées.

« Quel est le sens de cette folie ? » demanda sévèrement le sahib de Fuzzil , qui, avec une bravoure ivre , tint bon, tandis que les filles Nautch, les tam-

tams et les spectateurs fondaient comme autant de lapins se précipitant vers leurs terriers.

"Folie!" répéta Fuzzil d'un air de dignité indignée ; « C'est un grand tamasha pour le mariage du fils du frère de ma femme. Le sahib n'aime-t-il pas les Nautches, les cartes et la boisson, comme les autres jeunes sahibs ? C'est sûr qu'il *le fait* » – répondant à sa propre question avec une emphase insolente et un peu chancelant. « Quant à la folie ; cette maison est un poggle-khana » (maison de fous).

« Que veux-tu dire, espèce de coquin ? dit brusquement Jervis.

« En vérité, tout le monde le sait . Le sahib blond, son fils, est-il le *dernier* à apprendre que le vieil homme est fou ? Demandez au médecin; demande Cardozo Sahib. Parfois, pendant un an, il ne parle jamais. Parfois, il fait du bobber et essaie de se suicider ; mais Osman a pris soin de lui. Maintenant, voilà ! Osman est mort ; il y aura bientôt une *fin* . Cette maison cessera d'être un poggle-khana , et tous les dignes « nouker log » (serviteurs) pourront retourner dans leur propre pays.

"Vous, pour commencer, pouvez revenir demain", répondit le sahib, dans un hindoustani étonnamment courant .

"Vous n'êtes pas le maître ici", fulminait Fuzzil avec étonnement. "Je ne prends aucun ordre."

« Vous constaterez que je le suis ; et si jamais vous revenez en ma présence, avec vos chaussures aux pieds, je vous frapperai à un pouce de votre vie. Renvoyez tous ces gens ; dis-leur que le tamasha est fini pour ce soir ; éteignez les lumières, allez chez vous et dormez sobre.

Fuzzil le regarda, déglutit, haleta. L'air résolu et l'œil sévère du jeune homme étaient vraiment trop pour lui, et il s'éloigna docilement, sans autre dispute.

Le major Jervis ne se présenta pas le lendemain matin et son fils monta sur son poney et partit faire une longue promenade. Où il allait , il ne se souvenait que vaguement ; ses pensées étaient bien trop préoccupées pour remarquer ce qui l'entourait. Il ne faisait aucun doute que l'esprit de son père était affecté ; sans aucun doute, cela était dû à la chute du khud et à sa blessure à la tête. La question vitale restait à trancher : allait-il, Mark Jervis, sacrifier sa jeunesse au devoir filial ? — on vieillirait bientôt dans le Kothi Jaune — renoncer à ses amis, à sa fortune, à son amour, pour mener une existence semi-sauvage, entièrement coupé de ce qu'on appelle la Vie.

Mais, d'un autre côté, s'il dirigeait sa tête de poney vers Shirani et retournait à Honor, à tous les délices du monde, le souvenir du misérable père qu'il avait abandonné aux étrangers n'empoisonnerait-il pas tous les plaisirs et ne s'imposerait-il pas à chaque joie ?

« Mais vivre là » – et il tira les rênes et regarda la maison carrée, se détachant distinctement sur un fond bleu et violacé – « sera, s'écria-t-il à haute voix, une mort vivante. Comme un jeune imbécile vaniteux , je voulais avoir une chance de faire quelque chose – une tâche spéciale, un acte héroïque, qui me distinguerait des autres hommes ; mais, Dieu sait, je *n'y* avais jamais pensé !

Il était tard dans l'après-midi lorsqu'il se dirigea vers la véranda et fut étonné de rencontrer un coolie emmenant un poney des collines brûlant - un animal loué - et plus surpris encore de découvrir un visiteur confortablement installé dans une chaise longue, avec ses grosses jambes élevées au-dessus de sa tête, profitant d'une cheville et d'un chéroot. Il n'y avait évidemment aucune raison de lui demander de se sentir chez lui ! L'étranger posa lentement ses pieds et se leva dessus lorsqu'il aperçut Mark pour la première fois.

Après avoir regardé attentivement pendant quelques secondes, il dit avec un air très affable : « Je m'appelle Fernandez Cardozo et vous êtes le fils du major Jervis, mon cousin.

« Je suis le fils du major Jervis, » acquiesça le jeune homme avec raideur ; et lui, à son tour, jeta un regard critique sur l'héritier de son père. Il était de petite taille, charnu et basané, âgé d'environ quarante ans ; il avait une tête de balle bien taillée, parsemée de cheveux gris, un visage rond et bon enfant, une paire d'yeux noirs joyeux et une grande bouchée de dents blanches éclatantes. Mark était un Eurasien, et peut-être pas un mauvais type.

L'autre pensait : « Quel brave jeune homme ! Assez tip-top. Comme cela semblait étrange qu'il soit le fils du pauvre et vieux major fou qui se trouvait à l'intérieur. Et ses yeux parcouraient son élégant poney de campagne, sa sellerie anglaise, ses bottes et ses vêtements bien coupés.

« Oui, tu es son fils, dit-il enfin, mais je suis son *héritier*. Nous le sommes, fils et héritier, » et il rit – un rire huileux.

« Vous êtes bien sûr l'héritier de Mme Cardozo – je veux dire la fortune de Mme Jervis. Ne veux-tu pas t'asseoir ?

« Vous n'êtes pas resté longtemps ici, n'est-ce pas ? maintenant il se réinstalle.

"Non ; seulement deux ou trois jours.

« Et comment, d'un geste du pouce en direction des appartements du major, trouvez-vous le vieux ?

«Eh bien, je ne savais pas jusqu'à présent que son esprit était plutôt... affecté. Il ne m'a pas écrit depuis des années et j'ai eu du mal à obtenir son adresse.

« Oui, il préfère faire profil bas, comme M. Jones. Mais ' *plutôt* affecté', c'est un euphémisme.»

« Pensez-vous ? » considérant Cardozo avec une paire d'yeux hostiles.

« Vous le penserez aussi d'ici peu. Ne sois pas en colère contre moi, mon cher garçon. Personne n'est jamais en colère contre Ferdy Cardozo, ils savent que je suis un bon garçon et que je pense bien. Devons-nous entrer et voir s'il y a quelque chose à manger ?

"Certes, j'aurais dû y penser avant."

"Oh, s'il te plaît, ne t'excuse pas, je suis tout à fait chez moi. Fuzzil , gros porc paresseux », au porteur désormais obséquieux, « donne-moi quelque chose à manger, pas de la nourriture de tes chiens, comme des côtelettes de cervelle ou du ragoût irlandais, et apporte-moi un peu de *mon* vin. Il fait très chaud ici, il fait terriblement froid », ouvrant une fenêtre. "Le major me déteste comme un poison, et quand il apprendra que je suis dans la maison, il ne sortira pas, il s'effondrera comme un serpent, mais je partirai demain."

"Oui?" de manière interrogative.

"Es-tu dans l'armée ?" continua Fernandez les yeux mi-clos.

« Non, je ne suis pas dans l'armée régulière ; Je suis dans la yeomanry.

"Pas de métier alors ?" haussant ses sourcils arqués avec une surprise plutôt dédaigneuse.

"Non, pas n'importe lequel." Sa profession d'héritier de son oncle Dan appartiendrait bientôt au passé.

L'hypothèse de M. Cardozo était parfaitement exacte. Le major Jervis ne s'est pas présenté, il a simplement envoyé ses salaams et dîné dans ses propres appartements, laissant son fils et son héritier consommer ce repas *en tête-à-tête* . C'était une grande amélioration par rapport au *menu habituel* . De toute évidence, Fuzzil disposait de ressources sur lesquelles il faisait appel lors d'occasions dignes.

« C'est une belle nuit au clair de lune », remarqua Fernandez. "Allons fumer devant la maison, c'est mieux que d'être à l'intérieur, et j'aime profiter de l'air de la colline quand je suis en haut, et nous sommes à l'abri des oreilles indiscrètes."

Quelques instants plus tard, ils étaient assis sur le muret devant le Pela Kothi.

"Osman a été une perte désespérée", a commencé Fernandez en frappant une fusée - " une perte désespérée".

« Ainsi je déduis de ce que j'entends, » acquiesça son compagnon.

« C'est en partie ce qui m'a élevé. Mais j'ai des affaires par ici, bien sûr. J'habite à Calcutta. J'aime garder un œil sur la propriété, je soigne le major et gère ses affaires du mieux que je peux : je sens que c'est mon devoir. Et il s'est mis à fumer.

Était-ce là encore un autre homme, sans lien de parenté avec le major Jervis, qui devait faire honte à sa propre chair et à son sang ?

"J'aimerais que tu me dises quelque chose sur mon père : les sept dernières années sont une page scellée pour moi."

«Eh bien, tout d'abord, il est tombé sur la tête en piquant un cochon, et ça l'a rendu un peu confus, il a tout vu double. Ensuite, bien sûr, les affaires des Tonga ont été une fin. Osman l'a amené ici, et parfois il allait parfaitement bien, aussi sain d'esprit que vous ou moi, et intéressé par le jardin, et les nouvelles, et tout ça, mais son état empirait peu à peu, des accès de silence et de dépression, sans jamais ouvrir son lèvres pendant peut-être une année entière – mélancolie, manie suicidaire – a essayé de se pendre avec une étrier, n'est-ce pas, » baissant expressément la voix.

« *Je* … je… comprends », acquiesça l'autre, presque à voix basse.

« Il faut qu'il ait toujours quelqu'un avec lui, plus ou moins. Quelqu'un qu'il apprécie, qui a de l'influence et une forte volonté, comme Osman, lui a été d'une valeur inestimable. Je ne sais pas comment nous allons lui trouver un remplaçant », continua pensivement Fernandez, en croisant les jambes, en posant son coude sur ses genoux et en soufflant méditativement.

"Les serviteurs qu'il a autour de lui maintenant doivent être écartés", a déclaré Mark avec insistance. « Je n'ai jamais vu un tel pack ! Ils ont eu un festin et des tam-tams hier soir. Ce sont des canailles paresseuses, insolentes et inutiles !

"Cela ne fait aucun doute", acquiesça joyeusement Fernandez. « Et Fuzzil mettra un homme riche à la retraite, gardera un gharry et enverra ses fils à l'université. Ils viennent ici avec des serviteurs assez convenables, mais la vie désespérément ennuyeuse, sans bazar, sans autre « nauker log » pour se nourrir , est un besoin qu'aucun salaire ne peut combler. Alors la maison n'a pas de chef, pas d'horaires fixes, et donc chacun fait ce qu'il veut et va vers le mal. Je ne sais pas ce qu'il faut faire maintenant : ton père ne permet pas à un étranger de s'approcher de lui. La question est : qui va remplacer Osman ? Dis-moi ça » – et il tendit la main avec un geste dramatique.

"Je remplacerai Osman", fut la réponse totalement inattendue.

"Toi!" s'écria Cardozo en regardant l'orateur avec des yeux ronds d'incrédulité. Le visage du jeune homme était pâle, ses lèvres étaient dures. « Vous ne savez pas ce que vous dites » – et il sortit son cigare de sa bouche et continua à regarder son compagnon avec exhaustivité. « Vous êtes habitué au grand monde de Londres ; vous avez vu et fait ce que j'ai seulement lu, car je ne suis jamais rentré chez moi ; vous êtes habitué au tourbillon de la société, à la nouveauté, à l'excitation, au luxe et à l'immense richesse. *Tu* veux vivre ici ? Sur ma parole, excusez-moi, mon cher, l' *idée même* me fait rire. Même moi, né et élevé à la campagne, je deviendrais fou en très peu de temps. Je ne pourrais pas supporter cette vie plus d'une semaine – un mois me tuerait !

« Je ne me laisse pas tuer aussi facilement que vous l'imaginez. Je suis plus dur que vous ne le pensez », a répondu Jervis.

« Mais vous ne savez pas ce que vous auriez à endurer » — jetant les bras avec enthousiasme. « La solitude, le silence, jour après jour, exactement les mêmes – petit-déjeuner, repas, dîner, lit – rien à faire, rien à espérer, personne à voir, à part les gens des collines ou un missionnaire. Je vous dis que vous feriez l'une de deux choses : soit vous trancher la gorge, soit boire.

"Votre éloquence est une perte pour le bar, Cardozo."

« C'est ce qu'on m'a souvent dit » — avec un mouvement précipité de la main ; mais il ne s'agit pas maintenant de mon éloquence, mais de votre avenir. En général, pensez-vous ce que vous dites ? Avez-vous l'intention de vivre ici en tant qu'unique compagnon de votre père ?

"Oui", répondit le jeune homme, répondant à son regard avec des yeux pleins d'un feu indomptable.

M. Cardozo souffla dans un silence solennel pendant un certain temps, mais il y avait une certaine gaieté vive dans son air lorsqu'il remarqua soudain :

« La majeure descend rapidement, pauvre vieux ! Sa santé est mauvaise ; Je vois un grand changement chez lui. Son esprit ne s'en remettra jamais. Bien sûr *il* ne faut pas s'y attendre ; vous savez que c'est de famille, c'est héréditaire.

« Qu'est-ce qui se passe dans la famille ? Qu'est-ce qui est héréditaire ? demanda l'autre avec un regard plein de douleur et d'excitation.

"Folie. Il raconta à Mércèdes , qui me raconta, que son frère avait sauté par-dessus bord en mer, rentrant chez lui accompagné de deux gardiens ; et son père est mort à l'asile d'aliénés de Richmond.

"Est-ce vrai?" Mark prononça les mots en trois halètements rapides.

« Tu ne veux pas dire que tu ne l'as jamais su ? Oh, je suis terriblement vexé ! J'avais complètement oublié que tu étais son fils. Vous avez l'air si différent, ma parole, alors que vous êtes là, que je ne peux pas réaliser qu'il représente quelque chose pour vous.

Jervis eut à nouveau du mal à articuler, mais échoua manifestement. D'une main tremblante, il jeta sa cigarette par-dessus le parapet, puis monta les marches et se fondit instantanément dans l'obscurité de l'entrée.

"Héréditaire." Le mot semblait écrit devant lui en lettres de feu : « héréditaire ».

CHAPITRE XXXIV.
LES INITIALES « HG »

Lorsqu'on apprit au club, puis dans tout Shirani, que le jeune Jervis avait soudainement disparu le soir du bal des célibataires, la sensation fut grande.

Non, non, il n'y avait aucun soupçon de jeu déloyal ; là il y avait ses serviteurs à interroger. Jan Mahomed, son respectable serviteur à la barbe grise, avait déclaré que le soir où son maître était rentré à la maison, il avait immédiatement mis ses vêtements de soirée dans ses affaires de selle, avait pris le poney gris et s'était enfui au galop dans l'obscurité. Où? Comment pouvait-il dire ? tendant une paire de mains maigres et vides, avec un geste d'ignorance pitoyable. Il n'a fait aucune mention de la lettre ; car ce serviteur prudent avait déjà vécu avec des sahibs célibataires.

Mme Langrishe et Lalla étaient pour une fois d'accord. Ils étaient convaincus que M. Jervis était allé plus loin que ce qu'il avait prévu avec Miss Gordon et, pour réparer l'erreur, il avait ensuite mis des kilomètres entre eux ; il se trouvait probablement à ce moment-là sur l'eau bleue. Mais ils n'osèrent pas exprimer ouvertement cette opinion ; il était réservé aux « dames uniquement ». Le major Langrishe en avait ri avec mépris ; et quant à Toby Joy, lui et Lalla ont failli se disputer à ce sujet, leur toute première querelle.

"Jervis doit proposer à une fille, puis s'enfuir!" s'écria-t-il avec indignation. « À propos du dernier gars de Shirani à avoir fait un tour aussi méchant. Jervis est un gentleman jusqu'à la semelle de ses bottes, et un très bon gars, qui vaut cinquante dollars de Waring.

"Oui, donc on apprend tous *maintenant* , alors qu'il est assez tard", rétorque Lalla, sarcastique.

« Tu veux dire à propos de l'argent ! Mais je veux dire d'une autre manière. Il l'a très bien pris le jour où j'ai failli l'écraser, lui et Mme Sladen ; tu as vu ça toi-même ! Il a certainement fait profil bas en ce qui concerne sa richesse. C'est l'homme le moins ostentatoire que j'aie jamais rencontré, et aussi droit qu'un dé, un contraste complet avec le grand Clarence, qui a joué au diable à Simla , selon tous les témoignages, et a fait des canards et des drakes avec n'importe quelle quantité de pièce de monnaie. »

"Eh bien, au moins, nous savons *où* il est et *ce* qu'il fait !" rétorqua Lalla. « Mais personne ne peut en dire autant du cousin. Où est-il et que fait *-il* ? Il a toujours été très proche de lui-même et je trouve tout cela très suspect. Supposons qu'un homme me propose.

"Oui, en supposant qu'un homme vous propose", répéta Toby en se rapprochant de la dame.

« Et je l'ai accepté. Maintenant, n'ayez pas l'air si complètement idiot, par pitié ! Et il s'est simplement enfui et s'est enfui. Ne trouverais-je pas cette conduite étrange ? Je dois dire que Honor Gordon le prend mieux que je ne le devrais, compte tenu des circonstances.

« Dans combien de temps vas-tu te débarrasser de ce camarade Gloster ? » s'enquit Toby d'un ton hors de propos.

Sir Gloster mettait fin à une fastidieuse convalescence et se promenait quotidiennement dans le pousse-pousse de Mme Langrishe ; et les gens, déçus par un mariage dans un quartier, attendaient avec impatience d'en entendre parler les uns dans les autres.

"Je ne sais pas", coquettement. « Peut-être que je ne me débarrasserai *jamais* de lui !

« Tu sais que tu dis ça seulement pour me rendre malheureux. Vous ne le pensez pas vraiment, n'est-ce pas ? » supplia Toby, avec un tel air de misère sur son visage habituellement joyeux, que Miss Paske éclata d'un rire incontrôlable et dit :

« Toby, comment peux-tu être aussi délicieusement stupide ? »

Les quelques jours dont Mark Jervis avait parlé étaient devenus dix, et il avait presque disparu de l'esprit des gens, sauf lorsqu'une file de poneys menés par leurs syces et portant des jhools élégants , avec les initiales MJ, l'a amené momentanément à souvenir.

Et maintenant, le capitaine Waring réapparut soudainement. Il est venu directement de Simla , de retour vers le méprisé Shirani, et dans tout sauf son esprit joyeux habituel. Comme il avait maudit ses coolies et ses poneys en montant ! Quelle vie le *débonnaire* Clarence avait mené ses misérables serviteurs, comme si les malheureux étaient responsables de sa déconvenue, de sa malchance, de sa ruine, car on en était arrivé là - et c'était un homme désespéré, qui stimulait son pays en détresse - poney élevé sur les deux derniers kilomètres de la route poussiéreuse des charrettes.

Il fut surpris de trouver Haddon Hall sans locataire ; mais lorsque le porteur expliqua comment « un Pahari avait apporté un billet et que son maître était parti 'ek dum ' », *c'est-à-dire* sur-le-champ, il hocha la tête sagacement et parut tout comprendre. Ce qu'il ne pouvait pas comprendre, c'était l'absence prolongée de Mark. « Dix jours se sont écoulés », a déclaré Mahomed ; "deux jours, s'il était à la place de Mark, seraient largement suffisants à consacrer à son parent excentrique."

Clarence était dans une mauvaise situation et presque à bout de ses ressources, qui avaient été jusqu'alors aussi infaillibles que la cruche de la veuve. Il avait joué de manière imprudente, avec des hommes plus forts que lui ; il avait jeté de l'argent après l'autre, dans l'habituelle tentative sauvage de récupérer l'un et l'autre. Ses reconnaissances de dette, ses dettes d' honneur et ses comptes de loterie s'élevaient à un total important ; il serait affecté dans quelques jours s'il ne payait pas. Quant aux autres dettes, elles étaient légion – factures de magasin, comptes de club et de mess, salaires – et elles se déversaient sur lui dans tous les sens, depuis que cette petite brute de Binks avait pêché à Simla et tout gâché. Miss Potter l'avait amèrement réprimandé, puis l'avait snobé sans aucun doute ; les hommes du club le regardaient froidement ; les grands joueurs de la salle de cartes semblaient raides et curieusement opposés à son « intervention ». Les gens cessèrent brusquement de parler quand il les rejoignit ; oui, il traversait une crise dans sa vie, une crise provoquée par sa propre imprudence insensée et sa passion déchaînée pour le jeu. Il était venu expressément à Shirani pour que Mark l'aide ; s'il a échoué, s'il a refusé de tendre la main et de le tirer du gouffre de l'insolvabilité et de la disgrâce, au bord duquel il a vacillé, il doit tomber, et être emporté et englouti, parmi les milliers et des milliers de personnes qui ont également sombré !

Après un bain, un repas et une cigarette, le capitaine Waring se sentit mieux et se mit au travail pour réfléchir régulièrement et se ressaisir. Il avait vendu ses propres poneys et ses armes, leur prix était une faveur pour ses créanciers les plus urgents. Il allait maintenant se débarrasser de la batterie de Mark. Oui, c'étaient de belles armes – il les mettrait immédiatement, ainsi que les poneys, sur le tableau d'affichage du club – leur prix paierait leurs passages et leurs dépenses immédiates ; Les 500 £ de Mark couvriraient toutes les dettes ; il n'avait plus une roupie chez l' agent et il ferait rentrer Mark immédiatement. Il était vrai que leur congé annuel avait encore quatre mois à courir, nous étions à la mi-juin, mais il avait fait trop chaud en Inde pour le retenir une seconde fois. Plus tôt il mettrait fin à ses affaires, mieux ce serait, et il se leva sur un coup de tête, résolu à jeter un oeil sur les effets vendables de son cousin.

Il entra dans la chambre de Jervis, la plus petite et la pire des chambres à coucher, et très simplement meublée. Il y avait un lit de camp nu, une commode branlante, un dhurrie délavé sur le sol, ainsi qu'une longue rangée de bottes ; quelques selles sur un support et une batterie de canons de premier ordre – un chargeur de brèche à double canon et à tir central, de Purdy, qui rapportera 250 roupies ; un 500 express, par Lancaster, 400 roupies ; Fusil de calibre 8, 600 roupies ; fusil à tour, 100, disons 1 300 roupies », tel était son calcul mental.

Après les avoir examinés, un paquet sur la commode attira son attention ; il y avait aussi un programme . Il le prit et l'examina ; il était extrêmement curieux pour de si petites choses. La carte était pleine, et en face de trois danses étaient griffonnées les initiales « HG »

« Humph ! » marmonna-t-il à haute voix. "Alors *ça* continue!" Et alors que son regard se posait sur un colis distingué en papier argenté : « Qu'est-ce que c'est que *ça* ?

Il le déroula aussitôt et aperçut un éventail en plumes d'autruche blanche de la plus haute qualité, avec le monogramme HG sur le manche. Le capitaine Waring le déploya, s'éventa lentement, le replia une fois de plus et dit :

« Une plume montre comment souffle le vent, Mark mon garçon ! Eh bien, je vais aller au club et entendre ce qui se passe, rechercher les courriers et offrir vos poneys et vos fusils, mon brave homme. Tu devras rentrer à la maison avec moi plus tôt que tu ne le penses, et je recevrai de grands compliments de la part de mon oncle pour t'avoir tiré d'un dangereux enchevêtrement, en d'autres termes, de la part de HG.

Et le capitaine Waring se dirigea vers les écuries avec une bonne humeur surprenante .

"Je suis désolé qu'il ait le gris avec lui!" murmura-t-il pour lui-même ; « le gris est de loin le meilleur des trois ! Le gris vaut cinq cents roupies.

Curieusement, le gris, portant son propriétaire, est arrivé à la maison le même jour vers quatre heures, à la grande joie du porteur. Son maître passa l'après-midi à faire ses valises, à prendre des dispositions, à donner des ordres, à écrire des lettres. Il annonça qu'il repartirait le lendemain matin, et que Jan Mahomed et son fils devaient le suivre avec tous ses bagages. À l'avenir, il vivrait avec son père près de Ramghur .

Jan Mahomed a reçu cette information étonnante de la manière indigène habituelle, simplement avec un visage impassible et un long salut.

Oui, son choix a été fait, le moulage sous pression, à la grande satisfaction du major Jervis et à l'intense étonnement de Fernandez Cardozo. Le premier était malade et avait retenu son fils lors d'un précédent retour à Haddon Hall pour régler ses affaires et ouvrir ses lettres, le second comprenant une de son oncle, qui gisait sur la table à écrire depuis une semaine entière. . Ça disait-

" CHER MARK ,

« Le vôtre a été reçu et j'y réponds dans l' *heure* . Je note tout ce que vous dites sur la jeune femme, et je n'aime pas *du tout l'idée* . Mon garçon, tu sais que je ne t'ai jamais rien refusé, mais je dois dire *non* à cela. Je n'ai à cœur que votre bien-être. Je ne peux pas vous permettre de vous lancer dans une aventure indienne ordinaire. Vous avez raison de tout me raconter ; et, comme vous ne lui avez pas encore proposé, *ne le faites pas* . Il faut que tu épouses une jolie fille bien née, qui n'a jamais traversé le canal de Suez. Rentrez immédiatement à la maison ; ces journées d'inactivité dans une station de montagne ont eu un effet néfaste sur votre cerveau. Rentre à la maison dès que possible. Votre père est évidemment naturalisé ; il ne veut pas de toi, *moi oui* . Quant à la fille, vous pourriez lui offrir un poney, ou une broche en diamant, n'importe quoi, tout, sauf vous-même.

"Votre oncle affectueux,
" D. POLLITT .

Alors que Mark levait les yeux de cette lettre, il rencontra les yeux noirs scrutateurs de Jan Mahomed qui étaient fixés sur son visage.

« Ce sahib est malade », dit-il sévèrement. « La fièvre de la jungle commence ? »

"Non, Jan, je vais bien. C'est le jour où le dak anglais sort, et je veux que vous apportiez une lettre à la poste pour moi, elle sera prête dans vingt minutes, et que vous fassiez savoir au capitaine Sahib que je suis revenu.

Puis il tira vers lui son écritoire et commença une lettre à son oncle. De toute évidence, cette lettre n'était pas une composition facile, en fait, il l'avait déjà écrite plusieurs fois à Ramghur , puis l'avait instantanément détruite, mais il fallait qu'elle soit écrite d'une manière ou d'une autre, et *maintenant* . Le message est parti dans l'heure. Enfin il écrivit :

« CHER ONCLE DAN ,

« Depuis que je vous ai écrit pour la dernière fois , je suis avec mon père ; il m'a fait venir brusquement, et je suis parti à la même heure, car son billet disait qu'il était très malade. Je l'ai trouvé habitant à quarante milles de là, dans une maison isolée, faisant partie de la propriété Cardozo, et sous le nom de M. Jones, nom qu'il a adopté depuis sept ans. Je ne l'aurais jamais reconnu, il est tellement brisé et c'est un vieil homme assez infirme. C'est l'effet de l'accident qui a tué sa femme. Mais ce n'est pas le pire. Son esprit est dérangé, ce qui explique son étrange silence et bien d'autres choses. Parfois, comme en ce moment, il est parfaitement clair et serein, mais à d'autres moments, il souffre de dépression et de mélancolie et reste silencieux pendant des jours et des semaines. Il est conscient de sa propre infirmité et c'est pourquoi il a choisi cette vie de réclusion. Jusqu'à récemment, il vivait avec un de ses anciens sowars, un compagnon inestimable ; et maintenant qu'il est mort — perte irréparable — oncle Dan, je vais vous dire quelque chose qui vous choquera et vous déplaira — je vais prendre la place de ce fidèle serviteur et m'efforcer de le remplacer . être son remplaçant. Mon père est un homme désespéré et désespéré ; il n'a personne d'autre que moi vers qui se tourner ;

il se tourne vers moi, et je ne le laisserai pas tomber. Il n'est pas riche : les richesses de la reine, la fortune de Mme Jervis (moins une certaine rente), sont strictement réservées à son plus proche parent, Fernandez Cardozo. Il n'est pas méchant et s'occupe de mon père et de ses affaires, bref, il remplit *mon* devoir ; mais je le soulagerai de tout cela, et je resterai ici aussi longtemps que vivra mon père. J'ai peur qu'au début vous pensiez que je vous traite mal et de manière ingrate ; mais ce que je sais, c'est que si *tu étais* à ma place, tu ferais de même toi-même. Bien sûr, je perds tout droit sur vous en prenant la mesure que je m'apprête à prendre, et c'est une mesure qui m'a coûté une lutte. Je vais mener une vie différente de celle dans laquelle j'ai été élevé. Je serai isolé et hors du monde, car je ne pourrai jamais quitter mon père, même un seul jour. Une fois que j'aurai pris mon poste, je m'y tiendrai.

« J'ai trouvé votre lettre qui m'attend ici, votre lettre concernant Miss Gordon. Bien sûr, tout cela est désormais terminé. Quant au fait qu'elle ne soit pas assez bien pour moi, c'est l'inverse. C'est la seule fille dont j'ai jamais aimé. Je ne me marierai plus jamais, mais j'adopterai le métier que j'ai choisi quand j'étais enfant, je vivrai et je mourrai célibataire. Je me demande si je peux plaisanter, car j'ai à peine besoin de vous dire que je ne suis pas de bonne humeur. J'ai l'impression que tout m'a quitté d'un seul coup, et je me retrouve face à face avec une vie nouvelle et un devoir inflexible. Quoi que vous pensiez de moi, oncle Dan, mes sentiments envers vous ne changeront jamais ; Je penserai toujours à toi avec affection et gratitude.

« Clarence est revenu aujourd'hui de Simla . Je ne l'ai pas encore vu. Je suis arrivé il y a seulement quelques heures pour récupérer mon kit, renvoyer mes domestiques et dire au revoir à Miss Gordon. Si vous l'aviez déjà vue et lui avait parlé, vous n'auriez pas écrit cette suggestion concernant un poney ou une broche. Je retourne à Ramghur demain. Mon sort ne sera probablement pas très brillant ; ne compliquez pas les choses, oncle Dan, en étant implacable. Je sais qu'au début, vous serez certain de ne jamais *pouvoir* me pardonner, mais vous le ferez peu à peu. Écrivez-moi et envoyez-moi des papiers aux soins de M. Jones, Ramghur , *viaâ* Shirani. Autant retirer mon nom des clubs, vendre les chevaux à la ferme et dire à Windover de ne pas s'en charger.

"Votre neveu affectueux,
" M. JERVIS .

Cette lettre, écrite à la hâte, avec de nombreuses ratures, l'écrivain n'a pas cru à la relire, mais l'a mise dans une enveloppe, l'a adressée et l' a expédiée sur-le-champ, comme s'il craignait presque d'être tenté de la rappeler, et Change son esprit.

CHAPITRE XXXV.
"LE SUBSTITUT D'OSMAN."

« Bonjour, Marc ! » s'écria son compagnon de voyage, les mains cordiales et tendues. « Alors tu es de retour ? Je ne suis arrivé que ce matin, je suis venu directement de Simla . Qu'est-ce qu'il y a, hein ? Vous avez l'air plutôt agité .

« Oh, je vais vous le dire tout de suite. Donnez-nous d'abord de vos nouvelles.

« Sur le principe de garder le meilleur pour la fin, hein ? car le mien est *mauvais* . Eh bien, quant aux nouvelles (il enlève sa casquette et s'assoit), je suppose que vous avez entendu dire que notre secret est désormais du domaine public. Ce connard flagrant, le petit Binks, en avait partout sur Simla . Quelle affaire avait *-il* à se mêler de nos affaires privées ?

"Cela n'a jamais été ce qu'on pourrait appeler privé", a répondu Mark, qui était appuyé contre le bout d'un véritable canapé à l'ancienne, les mains dans les poches. "Je suis seulement surpris qu'il ne soit jamais sorti auparavant."

« Oui, maintenant que vous en parlez, moi aussi. Nous avions beaucoup de compagnons de voyage, mais aucun d'eux n'est venu par ici ; ils étaient principalement destinés à Burmah, à Madras ou aux globe-trotters. Je ne pourrais pas donner le nom de l'un d'eux si je recevais mille livres. Il n'y a rien qu'on oublie si tôt en tant que compagnon de voyage. Bien sûr, vous êtes allé voir votre gouverneur ?

"Oui. Je suis absent depuis près de quinze jours.

"Et comment l'as-tu trouvé ?"

«Je suis désolé de le dire très brisé – malade et désolé.»

« Mais avec des sacs de mohurs d'or tout autour des pièces et des lustres en vrais diamants. J'espère que vous en avez dans vos poches ? dit Waring gaiement.

"Non. C'est un homme relativement pauvre ; au moins il a juste de quoi vivre : une rente. L'essentiel de sa fortune revient, comme il se doit, à la famille Cardozo.

"Eh bien, une fortune vous suffit", répondit Clarence. «Je suis arrivé en toute hâte. J'ai monté ton poney bai au cours des dix derniers milles, et, par Jupiter ! Je pensais l'avoir tué. Il faisait terriblement chaud et j'accélérai le rythme. Je lui ai donné une bouteille entière de whisky en entrant.

« Une bouteille entière ! Eh bien, j'espère que vous lui donnerez de l'eau gazeuse demain matin. Quelle tête aura cette pauvre brute ! ajouta-t-il avec un sourire hivernal. « Mais quelle était la raison d'une conduite aussi désespérée ? Est-ce que Miss Potter est revenue ?

"Mlle Potter soit pendue !" fut la réponse peu chevaleresque. "Je me suis levé de toutes mes forces pour que vous m'aidiez à me sortir d'un horrible gouffre, d'un fouillis d'argent infernal."

« Pour vous aider encore ! Je pensais que cinq cents livres te remettraient en ordre.

« Bon Dieu, mec ! ce ne sont pas des centaines, mais des milliers qui feraient ça ! s'écria le prodigue.

Jervis cessa de se prélasser et adopta désormais une attitude plus intransigeante.

« Expliquez », dit-il laconiquement.

"Oui; J'y suis allé , mon garçon », a admis Waring avec un rire imprudent. « Les vieux visages, les vieux lieux, c'était trop pour moi, et j'ai laissé tomber une somme d'argent. Il y avait un type de la Nouvelle-Orléans, un type à longue tête, un joueur né et un comte hongrois à l'air sauvage ; ils portaient trop d'armes pour moi. Une nuit, nous avons eu trois mille livres sur un tour de carte. Ah, c'est vivre ! Il y a de l'excitation, si vous voulez ! Mieux vaut vingt heures de Simla qu'un cycle de Shirani.

« Néanmoins, vous êtes retourné à Shirani ?

"Oui, seulement parce que je suis éliminé", fut la réponse absolument sans vergogne.

« Je suis désolé de l'entendre, Clarence ; mais il n'est pas en mon pouvoir de vous aider au-delà des cinq cents livres qui paieront nos dépenses ici. La table était tapissée de factures à mon retour.

"Oh, ceux-là!" avec un geste de mépris, « des petits comptes de ferrage minables, des comptes stables et des loyers. *Cela* ne me dérange pas , ce sont les autres. Je suis vraiment dans un chapeau affreux cette fois et ce n'est pas une erreur, et vous devez m'aider.

"Je ne peux pas."

"Je vous le répète, vous devez le faire!" s'écria Waring en se rejetant en arrière sur sa chaise avec une énergie qui fit grincer le plus pitoyablement ce vénérable meuble.

« Il n'y a pas de « devoir » en la matière, rétorqua l'autre d'un ton ferme, et si j'étais d' humeur à plaisanter   ce qui n'est pas le cas   le côté comique de la situation me ferait rire. Vous avez été envoyé par oncle Dan comme mon mentor, pour me garder droit, pour me faire bénéficier de votre expérience et pour me faire visiter les lieux. N'était-ce pas l'arrangement ? Mais, par Jupiter, se levant brusquement et commençant à arpenter la pièce, je te tire d'affaire depuis que nous avons débarqué à la campagne !

« C'est un vrai projet de loi, ô saint Marc sage, calme et très vertueux ! Ceci, je vous le jure solennellement, est ma dernière et pire égratignure. Obtenez-moi un chèque d'une certaine somme, envoyez-le par virement à l'oncle pour qu'il le dépose chez les agents, et je serai un personnage véritablement réformé, et je ne toucherai plus jamais une autre carte, pour toujours et à jamais, amen.

"Et après?"

« Ensuite, nous récompenserons le vieil homme et réjouirons son cœur en faisant nos valises et en rentrant chez nous par le prochain bateau à vapeur. Il donnerait plusieurs milliers de livres pour vous récupérer – vous êtes la prunelle de ses yeux de petit cochon. Ce pays n'est pas d'accord avec moi, je ne parle pas physiquement, mais moralement. C'est une terre épuisante, corruptrice et séduisante. Nous vendrons vos armes et vos poneys, mon cher garçon. Je les ai hébergés au club — j'espère ne pas avoir brisé le vent de cette baie sombre — nous descendrons dans le Mail Tonga ce jour de la semaine, *en route* pour Bombay. Il y a aussi des tentations pour *vous* dans cet Empire indien. Plus tôt vous direz au revoir à HG, mieux ce sera. Maintenant, voici mon programme pour vous : ma nouvelle feuille. Qu'as-tu à en dire ?

Aussi vif et confiant qu'ait été son discours, sa conclusion comportait une certaine boiterie indubitable. Waring avait secrètement grimacé sous les yeux de son auditeur – son auditeur, assis immobile, le contemplant avec une expression de froid mépris.

"La première chose que je dois dire, c'est que mes fusils et les poneys ne sont pas à vendre, ou seulement l'alezan aux pattes blanches."

« Super Écossais ! Vous ne voulez pas me dire que vous avez l'intention de ramener trois poneys à la maison ! Et que voulez-vous d'un fusil express et d'un fusil à éléphant en Angleterre ?

« Je pourrais en avoir besoin ici. Je ne retournerai pas en Angleterre.

Le capitaine Waring se redressa brusquement.

" Bien sûr, tout cela n'est que fumisterie et pourriture !" s'exclama-t-il avec véhémence.

"Non. Je suis tout à fait sérieux. J'ai l'intention de rester avec mon père ; c'est la bonne chose à faire pour moi. Il est seul au monde ; son esprit est faible.

« Son fils aussi, devrais-je dire », éclata Waring en jetant sa cigarette dans la véranda. « Trouvez-lui un gardien… deux gardiens, bien sûr ; une maison pour bébé, un orgue de Barbarie, tout le confort, mais ne soyez pas *fou*. Viens à la maison avec moi. Pensez à oncle Dan ! »

« Oui, je sais très bien qu'oncle Dan me rejettera ; il m'a dit qu'il le ferait si je restais ici avec mon père.

"Rejetez-vous!" a presque crié l'autre. « Veux-tu me dire que tu ne reverras plus jamais la couleur de son argent ?

"Jamais."

"Je crois que Miss Gordon a quelque chose à dire sur ce projet, ainsi que sur cette idée folle et chimérique à propos de votre père", s'écria Clarence, cramoisi d'excitation. « Quant à la fille, il faut la laisser glisser, on a tous vécu *ça* ; mais, pour l'amour de Dieu, accrochez-vous à l'oncle et à la pièce. Vous êtes le seul mortel pour qui il ouvrira les cordons de sa bourse.

"Je lui ai écrit et lui ai dit que je ne rentrerais pas chez moi."

« La lettre est-elle postée ? »

Mark hocha la tête.

"Alors," se tournant violemment vers lui, "vous avez brûlé vos bateaux."

"J'ai."

« Vous êtes fou de tout laisser tomber à vingt-six ans. Vous abandonnez votre vie à la maison——"

«Je sais mieux que quiconque à quoi je renonce», interrompit son compagnon avec impatience. « Je sais que je retourne à Hawal Ghât demain. Il n'y a rien à gagner à rester ici, et Cardozo reste avec mon père jusqu'à ce que je le relève . Je suis en train de régler mes affaires et de payer mes serviteurs, sauf Jan Mahomed et son fils, qui m'accompagnent, et demain je tourne le dos à Shirani.

« Le mot est court, précis et décisif », ricana Waring avec une emphase amère. « As-tu déjà surmonté tes adieux ? ajouta-t-il avec une signification impitoyable.

"Non", devenant plutôt blanc, "pas encore".

«On m'a dit au club que tu étais fiancé avec elle. Doit *-elle* faire partie du nouveau régime ? L'épouser relèvera-t-il également de la « bonne chose à faire » ? Hein ?

"Vous pouvez épargner vos quolibets", dit sévèrement Jervis. « Miss Gordon est absolument libre. Quant à moi, je ne me marierai jamais.

"Oh, ho!" avec un rire moqueur, "ce n'est jamais un long mot. Eh bien, pour revenir à des choses plus prosaïques, qu'en est-il de ces factures Shirani et de ces cinq cents ?

"Vous l'aurez, bien sûr."

« Oui, vous êtes un homme de parole, même s'il s'agit d'une raclée. Je n'oublierai jamais le jour où le caduque qui abusait d'un cheval sur le chemin de halage vous a agacé et nargué ; Cette fois-là, il s'est trompé d'homme, et ce n'est pas une erreur, pauvre mendiant. Il n'a jamais deviné comment on pouvait utiliser ses poings. Tu avais l'air si mince et distingué, mais tu lui as laissé deux jolis yeux noirs.

Mark fit un geste de protestation. Le temps était précieux. À quoi bon remuer de vieilles histoires sans rapport avec cela ?

« Ne peux-tu pas faire appel à l'oncle pour au moins quelques milliers ? » » demanda Waring après un silence considérable ; « Cela ne lui coûtera que quelques deniers… et cela me sauvera de… de… »

"Quoi?" demanda doucement son compagnon.

"De," évitant son regard pénétrant, "beaucoup de tracas et d'inquiétude."

« Je ne peux pas faire appel à lui maintenant pour un sou, au-delà des cinq cents ; mais je suis sûr qu'il vous aidera quand vous le verrez. Dans combien de temps rentres-tu à la maison ?

"Dans une semaine. Tiens!" en démarrant, « voilà le clairon du mess. Tu viens dîner ?

"Non; dis au sergent du mess de m'envoyer quelque chose.

« Du champagne ? Je recommanderais une bouteille de vin rose de France. Vous verrez forcément les choses plus *couleur de rose* .

Jervis secoua la tête avec un air de négation impatiente.

« Eh bien, je dois aller me changer ; mais je vous retrouverai, bien sûr, avant que vous vous rendiez.

Clarence s'est montré à la hauteur de sa parole ; d'ailleurs, il lui restait encore à recevoir une certaine somme d'argent. Il est dûment apparu vers onze heures, inhabituellement rouge et dans un état de bonne humeur bruyante . Il trouva son ancien camarade toujours assis à leur table d'écriture commune, griffonnant des notes et des bons de service.

« Vous avez l'air de rédiger votre dernier testament. Tu écris ta propre notice nécrologique, hein, mon vieux ? » – en lui donnant une tape familière dans le dos. « Dans un sens, vous *vous* suicidez et vous vous enterrez vivant. J'ai vendu votre poney alezan et j'ai reçu le chèque – deux cinquante roupies – pour un prix très bas.

"Cela servira à rembourser une partie de ces factures", a déclaré Mark en hochant la tête vers les factures.

"Oh, une simple goutte dans l'océan", répondit Clarence avec un mépris facile. « Cependant, nous ne pouvons pas avoir le gâteau et le manger », ignorant le fait que c'était lui qui avait dévoré non seulement son propre gâteau, mais aussi celui de l'autre homme.

«Voici le chèque de cinq cents livres», dit Mark en sortant son chéquier. « J'ai dit à oncle Dan que j'allais le dessiner il y a quelque temps, donc tout ira bien » – écrivant rapidement et le remettant. « Cela réglera toutes les factures ici : le désordre, le loyer et les magasins ; ou » – en le conservant toujours – « dois *-je* le garder et les payer ? Je peux envoyer l'argent par la poste.

Waring jeta un coup d'œil au bout de papier qu'on lui tendait. Ses yeux brillaient d'une curieuse lumière ; Sa voix était rauque alors qu'il répondait avec empressement : « Non, non ; vous pouvez compter sur moi. Je serai payeur jusqu'à la toute fin du chapitre, » et il saisit le chèque un peu précipitamment.

– Et vous n'en ferez aucun autre usage que celui de payer nos dettes communes ? Tu me le promets, Clarence ? parlant avec un air d'autorité froide. « Sur votre honneur , Waring ? »

« Sur ma parole et mon honneur . Pour qui me prends-tu, mon vieux ? Je vais l' encaisser au trésor ici, payer toutes les factures comme un gentleman et vous envoyer les reçus. J'espère que cela vous plaira ?

« Oui, cela suffira, bien sûr ; et veillez à les régler immédiatement.

— J'ai entendu dire que le vieux Double Gloster et Miss Paske sont fiancés, dit Clarence en changeant précipitamment de sujet.

"Sont-ils?" indifféremment. Quelle était la nouvelle de Shitani pour lui maintenant ?

« Et il n'existe pas de route en Inde assez large pour tante Ida. Eh bien, Mark, je suis désolé que tu sois si entêté. Vous avez toujours été un peu dur dans la bouche, même si vous n'avez jamais bousculé les traces. Vous avez été une brique, je dois dire. À quelle heure partez-vous demain ?

"Vers sept heures."

« Alors je pense que je vais te dire bonsoir. Vous avez l'air plutôt fatigué, et vous feriez mieux de vous rendre. Ce… » – hochant la tête – « n'est pas un au revoir ; Je me ferai un devoir de vous voir demain matin.

Néanmoins Mark se tenait debout et lui tendait la main en silence.

Comme il était pâle ; comme il était devenu usé et hagard ! Clarence sentit intuitivement que c'était leur dernière entrevue ; quelque chose d'indéfinissable lui assurait qu'ils ne se retrouveraient plus jamais face à face.

Il éprouvait un extraordinaire mélange de regret et de soulagement. Jervis avait représenté une sorte de conscience. Son exemple, son niveau d' honneur désagréablement rigoureux , ses yeux fermes, l'avaient fait honte de faire beaucoup de choses qu'il n'aurait pas dû faire. Marc était un jeune saint, un héros ; oui, Miss Valpy avait raison, il en avait un visage. C'était l'acte d'un héros de renoncer au monde, à la richesse et à l'amour – parfois synonymes de chair et de diable – et de consacrer sa vie à un vieil homme fou. C'était un camarade cool et fiable, prêt à utiliser la langue, le bras ou le fusil. Il était vrai qu'il avait été le moyen de le tirer de plusieurs vilaines éraflures, et ce chèque de cinq cents livres, maintenant dans la poche de son gilet, le tirerait de la pire des éraflures !

Il a attendu de voir Mark entrer dans sa chambre et fermer la porte, puis il est retourné au club pour jouer au « snooker » et au billard noir. Il n'était rentré chez lui qu'à trois heures du matin ; et quand il se réveilla vers midi et cria pour son porteur et son thé, il fut informé que le « chotah sahib », comme les serviteurs appelaient Jervis, « était parti depuis plusieurs heures ».

CHAPITRE XXXVI.
"ADIEU POUR TOUJOURS! AU REVOIR AU REVOIR!"

Il était environ huit heures du matin, et Mme Brande, alors qu'elle mettait la dernière main à ses toilettes, était certaine d'entendre une voix d'homme (de gentleman) dans la véranda. Pelham était absent de chez lui ; qui cela peut-il être à une pareille heure ? Quelqu'un vient pour " Chotah Hazrée . » Eh bien, Honor s'occuperait de lui ! Dix minutes plus tard, elle ressortit, brandissant à la main un mouchoir fraîchement déplié, et poussa un petit cri de plaisir en reconnaissant Mark Jervis. Il était appuyé contre le pilier de pierre de la véranda et parlait sérieusement à sa nièce, et son poney l'attendait sur les marches.

« Eh bien, je le déclare, c'est *un* plaisir », s'écria-t-elle ; "Un plaisir pour les yeux! Où te caches-tu depuis dix jours ?

Mais d'une manière ou d'une autre, sa joie exubérante s'éteignit instantanément lorsqu'elle aperçut les visages des deux jeunes gens. Mark avait l'air étrangement agité et comme s'il venait tout juste de se remettre d'une maladie presque mortelle. Honor, son Honneur brillant et heureux, était aussi blanc et sans sourire que la mort.

«Je suis venu», dit Jervis en s'avançant avec une main tendue, «pour vous dire au revoir.»

"Cher, cher, cher!" agitant son salut. « Vous n'avez pas dit : « Comment allez-vous ? pour moi encore !

« Non, j'ai bien peur d'être très stupide aujourd'hui. Je n'ai pas l'intention d'avoir de secrets pour vous, Mme Brande.

"Oh, je connais ton secret, tout le monde aussi ", hochant la tête. "Je pense que vous auriez pu nous donner un *petit* indice."

« Vous voulez dire à propos de l'argent ; et je l'aurais fait, seules mes mains étaient liées.

"Et ton cousin rusé ne l'a jamais laissé paraître!"

"Non, mais ce n'est pas ce que j'ai à vous dire..."

"Alors viens au salon, assieds-toi comme un chrétien et envoie le poney."

Il secoua la tête avec insistance en disant : « Je ne peux attendre que peu de temps. Je pars maintenant vers un endroit à quarante milles de là, pour vivre avec mon père.

"Ton père!" répéta-t-elle, incrédule.

« Oui, mon oncle m'a adopté lorsque mon père s'est remarié. Mon père est le major Jervis, il vit dans ces collines depuis quelques années. Je n'ai jamais su où il se trouvait jusqu'à récemment. Le soir du bal, il m'a fait venir, il a cru qu'il allait mourir, et je suis parti aussitôt : je l'ai trouvé très malade, tout seul et désolé. Je vais lui tenir compagnie pour le reste de ses jours. Vous voyez, il n'a personne au monde qui lui appartient à part moi.

"Eh bien, je le déclare!" dit Mme Brande après une pause. « C'est terriblement gentil de votre part, dis-je ; mais si tu es le fils adoptif de ton oncle, comment le prendra-t- *il* ?

« C'est grave, j'en ai peur, mais je ne peux pas être à deux endroits ; mon oncle a une femme, des tas d'amis, de l'argent et une santé de premier ordre
.

« Fais venir ton père à Shirani ; nous l'hébergerons ; et pourquoi ne pas le ramener chez lui ?

« Il ne servirait à rien de le pousser à l'une ou l'autre démarche ; il fera partie intégrante de sa maison actuelle aussi longtemps qu'il vivra.

« Eh bien, au moins, vous viendrez souvent nous voir – *vous* n'êtes pas un incontournable ! » insista-t-elle avec impatience.

"Mme. Brande, tu es très bon – je n'oublierai jamais toute ta gentillesse envers moi – mais d'après ce que je peux voir, je ne reviendrai plus jamais à Shirani. Mon père ne pouvait pas m'épargner, pour une chose… et pour une autre, et il y avait un ton de passion dans sa voix lorsqu'il ajouta : Je ne pouvais pas le supporter. Considérez-moi comme le compagnon d'un invalide, dont chaque instant est occupé », et ici ses paroles semblaient un peu rauques. "Ne me tente pas."

"Oh, Mark, mon garçon, je suis vraiment désolé!" s'écria-t-elle ; « penser que c'est un au revoir, que nous ne vous reverrons plus. »

Mark se disait que cette femme soi-disant vulgaire et mal élevée avait accepté la nouvelle de l'effondrement de la fortune de sa nièce d'une manière qu'aucune duchesse n'aurait pu surpasser. Apparemment, ce n'était pas la perte de position, de milliers par an, qui l'avait déchirée – elle avait supporté cela avec un stoïcisme merveilleux – c'était la perte de Mark lui-même !

« Vous savez, bien sûr, quels étaient mes espoirs », dit-il en jetant un coup d'œil vers Honor, qui se tenait à l'extrémité de la véranda, regardant ce… ? «Il y a une fin à eux maintenant. Une explication est due à vous et à M. Brande, et je vous écrirai. Elle n'a jamais besoin *de tout savoir*. Laissez les gens de Shirani supposer ce qu'ils veulent, tant que cela ne se reflète pas sur *elle*. Nos fiançailles n'ont jamais été annoncées – ce n'était qu'une question d'heures. Mon père est particulier, il veut garder secrets son nom et son existence, vous comprendrez tout plus tard.

«Je me souviens bien de lui», a déclaré Mme Brande; « Un si beau garçon, si mondain et si populaire. Sa seconde femme, je l'ai vue, une personne brune, avec... Eh bien, elle est morte ; laissez-la se reposer. Oh, Mark, je suppose que ça doit être le cas. Mais n'y a-t-il pas une issue à ce problème, une échappatoire, une alternative ? Vous ne sacrifieriez sûrement pas mon pauvre Honneur et vous-même pour rien ? Et ses yeux, encore jolis, bleus, baignaient dans les larmes.

« Non, Mme Brande, vous pouvez compter sur moi pour cela. Pour m'en tenir à l'honneur, j'abandonne l'honneur. Puisse-t-elle m'accompagner jusqu'au portail ?

"Oui, elle le peut, bien sûr."

« Et donne-moi quelque chose – tu n'as pas de photo, je sais – juste pour montrer que nous nous séparons, amis ? Et il la regarda d'un air suppliant.

Mme Brande, qui pleurait, s'essuya délibérément les yeux, lui jeta les deux bras autour du cou et l'embrassa. Ce n'était pas une simple menace ludique cette fois-ci ! Le dirzee , qui venait d'arriver et dépliait lentement sa natte, n'en croyait pas ses sens. Il raconta le scandale au bazar ce soir-là, et on se moqua de sa peine !

Le jeune couple, suivi de près par Syce et Pony, se dirigea lentement vers le portail ; oui, et sur la route.

«Je ne pensais pas à la prochaine fois comment je vous reverrais et à ce que j'aurais à vous dire, lorsque nous nous sommes séparés pour la dernière fois à cette porte même », dit-il enfin.

« Vous renoncez à une fortune et à de grandes perspectives, je le sais, Mark, parce que vous découvrez que votre devoir est ici ; vous abandonnez le monde et vous allez au bannissement. Mais, Marc, je te prépare à dire quelque chose (avec une reprise de souffle) qui puisse m'abaisser à tes yeux ; je vais quand même m'y aventurer. Vous n'avez sûrement pas besoin de *m'abandonner*. S'il vous plaît, — en parlant avec force —, écoutez mes raisons. Je suis habitué à une vie très calme à la maison. J'ai été élevé dans la pauvreté ; Je ferai la femme d'un homme très pauvre. Vous dites que les affaires de votre père sont dans un terrible désordre et qu'il n'a qu'une rente. Je peux le soigner, lui lire, sortir avec lui et l'amuser ; Je serai très gentil avec ton père. Je ne veux pas de société, ni de nouvelles robes, ni quoi que ce soit, ni qui que ce soit, sauf toi, Mark. Je sais que je suis honteusement audacieux et impudique – cela tuerait Mme Grundy de m'entendre – mais je crois que vous pensez que je me soucierai de votre vie ennuyeuse et solitaire dans la jungle ; que je recule devant la pauvreté. Vous vous trompez complètement ; J'en profiterai avec toi. Ne dites pas « non », Mark, même si nous devons attendre. Je suis prête à attendre dix, vingt ans, trente ans », concluait cette jeune femme téméraire.

Elle attendait maintenant sa réponse, blanche et tremblante sous la force de sa propre émotion.

« Honneur, je sais que vous me plaindrez, commença-t-il enfin, ayez pitié de moi quand je vous dirai que je dois dire « non ». Je dois affronter cette vie seul. Que Dieu vous bénisse et vous donne une double part de bonheur : le vôtre et ce qui aurait pu être le mien. J'ai récemment appris quelque chose (et son visage pâle est devenu gris cendré) qui m'empêchera jamais d'appeler une femme « épouse ». Le sacrifice que je suis obligé de faire est amer ; oui, amer comme la mort. Je ne vais pas te sacrifier ; tu dois m'oublier, chérie. Vous avez toute votre jeune vie devant vous ; faites-moi sortir de votre esprit, peu à peu, avec tristesse, tendresse, comme si j'étais mort.

«Je ne ferai jamais ça, Mark. Dites-moi; puis-je vous écrire ?

"Non!" » fut la réponse la plus inattendue et la plus effrayante.

"Mais oui, en tant que sœur ?" » plaida-t-elle avec audace.

Il secoua la tête.

"Je ne pourrais jamais te considérer comme ma sœur."

« Au moins tu me donneras ton adresse ? Autrefois, nous devions passer notre vie ensemble ; maintenant, je ne sais peut-être même pas où je dois penser que vous dépensez le vôtre.

"Tu ferais bien de ne pas penser du tout à moi", répondit-il avec un tremblement dans la voix.

« Je dois le faire, et je le ferai. Dépêche-toi et dis-le-moi.

« Mon père se fait appeler M. Jones ; il habite au-delà de Hawal Ghât , à une quarantaine de kilomètres de là, et je dois être avec lui avant la nuit. À propos, j'ai gardé votre éventail ; cela peut paraître étrange, mais vous comprendrez. Et maintenant, je dois y aller.

Entendant le bruit des sabots et des rires gais qui approchaient rapidement, il lui tint la main dans la sienne pendant une seconde et la laissa tomber. Puis le Syce se précipita avec le poney, il monta à cheval et partit au galop. Non, il n'a jamais regardé en arrière.

Honor resta un moment comme dans une sorte de transe ; puis elle se retourna et s'appuya contre la palissade qui bordait une forêt de pins en pente vers la route. Le groupe de cavaliers gays qui passait au galop s'étonnait plutôt de voir Miss Gordon sans son chapeau, cherchant visiblement quelque chose dans le bois. Ils n'avaient pas le temps de s'arrêter et de lui demander ce qu'elle avait perdu ?

Ils auraient été plutôt étonnés s'ils avaient pu apprendre la vérité, qu'elle venait de perdre à cet instant son amant, et pour toujours . Ils auraient pu deviner une tragédie de ce genre, s'ils avaient vu son visage blême et l'expression des mains crispées qui agrippaient la palissade. Mais ils ne virent ni ne soupçonnèrent aucun rapport entre Miss Gordon regardant dans un bois et la vision momentanée d'un jeune homme sur un poney bai, qui avait surgi sur un chemin secondaire, avant de pouvoir identifier un homme ou une bête.

Honor, avec un visage parfaitement incolore , s'approcha de sa tante, qui sanglotait encore doucement dans le salon, et posant sa main sur son épaule, lui dit d'une voix étrange et sans émotion :

« Tout est fini, ma tante. Nous nous sommes dit au revoir pour toujours .

Elle se baissa, l'embrassa, et alla s'enfermer dans sa chambre, d'où elle ne sortit que plusieurs heures ; et puis la fille qui est apparue était une autre Honor Gordon.

CHAPITRE XXXVII.
LE FILS ET L'HÉRITIER.

"Je ne m'attendais jamais à vous revoir", s'écria Fernandez, tandis qu'une serviette sur le bras et une lampe tenue au-dessus de sa tête ronde et noire, il observait Jervis, qui descendait avec raideur de son poney.

"Pourquoi pas?" » demanda le voyageur en montant les marches.

« *Pourquoi* pas, mon cher. Si j'avais été à ta place, tu ne m'aurais jamais *revu* . J'aurais pris mon *jawab* . Tu es un jeune homme parmi mille. Et il lui tapota affectueusement l'épaule.

"Pas du tout" - je le suivis dans la salle à manger, où les restes d'un excellent repas étaient sur la table - " Je ne suis qu'un jeune homme de parole. "

Fernandez s'est peut-être démenti, mais il y avait de fortes chances que sa propre évaluation de son caractère soit correcte. Il y a beaucoup de choses dans l'hérédité ! Il était issu d'une souche facile à vivre, voluptueuse et volatile, comme l'indiquaient son visage gras et doux, sa bouche lâche et son œil joyeux mais instable. Son compagnon descendait d'une autre nation plus forte ; son personnage était moulé dans un moule plus sévère ; il était le descendant d'une race de soldats qui avaient combattu, souffert et sont morts pour une cause. La mâchoire carrée de Jervis, son regard résolu et ses lèvres fines et fermement dessinées racontaient l'histoire de là où la chair avait combattu l'esprit et n'avait *pas* prévalu.

"Comment va mon père?" » demanda-t-il avant de s'asseoir.

« Parfaitement bien, c'est-à-dire son esprit. Il t'a cherché toute la journée avec la longue-vue. Il était fatigué et s'est couché tôt. Il a dit qu'il savait que tu serais là demain matin. Si vous l' *aviez* abandonné, je ne sais pas comment cela se serait passé » — en touchant son front de manière significative.

Fernandez gesticulait sans cesse avec une paire de petites mains rondes et délicatement formées, sur lesquelles brillaient des bagues de grande valeur, et dont il était également fier.

Il jouait le rôle d'hôte auprès du fils de la maison, le pressait anxieusement de manger des friandises et de boire du champagne, et était extrêmement bavard et confidentiel. Le voyageur, pâle et fatigué, mangeait peu et soutenait sa conversation par des monosyllabes, tandis que M. Cardozo parlait avec volubilité de sa défunte cousine et jetait une lumière quelque peu sinistre sur sa vie conjugale.

« Oh oui, Mércèdes était très généreuse et hospitalière, et pas mal du tout, non, quand elle ne se défigurait pas avec un masque de poudre de perle ; mais elle était terriblement extravagante, aussi intrigante que sa grand-mère, et aussi jalouse que... — les mots immédiats lui manquèrent pour une comparaison, et après une pause considérable, ajouta-t-il — « le diable. Non, le pauvre major avait ses propres ennuis. Il ne parlerait peut-être pas à une autre femme ; il était beau et populaire, et avait des manières prenantes ; il ne pouvait pas s'en empêcher. Mais elle a fait des scènes horribles.

"A-t-elle?" répliqua Jervis avec l'indifférence provoquante d'un jeune homme pour qui les « scènes » domestiques ne sont qu'une figure de style.

"Oui, il y a beaucoup à dire en faveur du système zenana", poursuivit solennellement Fernandez. « Il n'y a pas de scandales ouverts, pas d'hystérie dans les bals, pas de gifles contre d'autres dames lors des dîners, pas de faire paraître un homme petit devant ses camarades. Mércèdes prenait soin de ne jamais paraître petite elle-même. Elle louait toujours le plus grand bungalow d'une gare et le faisait colorer l'extérieur à son goût : il était généralement rose et blanc, comme un gâteau de Noël ! Elle tenait maison ouverte et une cinquantaine de domestiques. Elle aimait s'asseoir derrière quatre chevaux fessés – le major était un fouet capital. Et quant à ses diamants, eh bien, elle brillait comme une roue de Catherine. Elle a laissé tous les bijoux au major à vie, par moquerie, car ils ne lui sont d'aucune utilité, il ne peut pas vendre une pierre ; mais je peux, et je le ferai, peu à peu. Les bijoux indigènes valent des milliers de dollars. La plupart d'entre eux sont à la banque de Calcutta ; mais il y en a quelques-uns ici dans un coffre-fort : des poignards ornés de pierreries , des pistolets de cheval, des haches d'or en or, des boîtes à bétel. Il y a un collier d'émeraudes et de rubis, avec des pompons de perles, qui vaut cinquante mille roupies, et un sirpesh ou ornement de front, serti d'énormes rubis, qui aurait appartenu à Ahmed, le dernier conquérant indigène de l'Inde... »

Ces descriptions sortaient de la langue courante de Fernandez, quand il lui vint à l'esprit qu'il parlait à l'oreille d'un sourd. Qu'est-ce qui pourrait éveiller cet étrange jeune homme distrait : la mention de l'argent ?

« Les bijoux, je vois, ne vous intéressent pas, s'écria-t-il ; "mais je dois vous dire quelque chose sur les revenus de votre père."

Le jeune homme distrait tourna une paire d'yeux fixes vers le descendant d'un free-lance portugais et acquiesça.

« Mércèdes a fait son testament dans un accès de colère ; elle en avait fait et révoqué des dizaines. Cependant, comme elle fut soudainement coupée, celle-ci dut se lever. Elle m'a laissé, à moi, son unique héritier, un beau revenu actuel, *le tout* à la mort de votre père. Il a mille livres par an tant qu'il vit ou jusqu'à ce qu'il se marie, et jusqu'à présent cet argent est jeté et gaspillé ; il va aux suceurs de sang et aux parasites par centaines – à tout le monde sauf au propriétaire. Lorsqu'il aura une de ses mauvaises attaques, il tirera un chèque à la demande. Des commerçants sans scrupules ont envoyé des comptes pour des articles qui ne sont jamais arrivés ici. Il y a cependant quatre cents selles militaires dans un des débarras, et environ neuf cents paires de longues bottes. Il lève un régiment, voyez-vous, quand il n'est pas dans une de ses crises mélancoliques. Beaucoup d'argent reste dans les mains grasses de Fuzzil .»

« C'est ce que je suppose ; mais c'est fini.

« Il existe un village de lépreux soutenu principalement par le major dans ses intervalles lucides. Les mendiants et les lépreux se rassemblent le dimanche pour faire l'aumône. C'est une grande charité.

"Oui; c'est plus que ce qu'on peut dire de Fuzzil » – avec un sourire machinal.

– Eh bien, je pars demain ; ma femme m'attend, reprit vivement Cardozo.

"Alors tu es marié!" s'écria l'autre avec une surprise sans réserve.

« Non, je n'en ai pas l'air, n'est-ce pas ? Mais je me suis marié à dix-huit ans – et je suis encore plus idiot ! – avec une jolie petite fille qu'on aurait presque époustouflée. Oui; et maintenant elle pèse seize pierres. Elle a une très mauvaise santé et sort rarement, quoique je lui garde une belle voiture et des chevaux. Elle ne se soucie pas beaucoup de rien, tant qu'elle a son curé, son médecin, ses copines qui lui racontent toutes les ragots et son café. Oh, elle est très pointilleuse sur son café. Elle n'aime pas les vêtements, ni les bijoux , ni les spectacles ; en effet, pauvre femme, elle est trop lourde pour s'habiller et se déplacer. Maintenant, *je* suis un homme du monde ; et il se rejeta en arrière avec un sourire de supériorité extravagante. « Je m'occupe de la propriété, je cours souvent à Mussouri , j'ai plein d'amis. Je fais un peu de paris, je joue au billard, j'aime passionnément la danse. J'apprécie un bon dîner et une jolie femme – et les jolies femmes *m'apprécient* . Oh oui!"

Il ferma à moitié les yeux, souffla et cligna alternativement des yeux, avec un air de contentement ineffable. C'était tout ce que son *vis-à-vis* pouvait faire pour garder sa contenance ; en fait, il n'a pas entièrement réussi.

"Oh, tu peux rire!" s'est exclamé M. Cardozo, avec une bonne humeur parfaite . « D'autres hommes rient aussi ; mais *je* gagne, j'entre, conclut-il avec un air de superbe complaisance.

Mark regarda sans passion son petit compagnon corpulent et élégant. Il était gros, quarante ans, efféminé et vaniteux ; mais il était riche et bon enfant. Étaient-ce les traits qui séduisaient le plus les femmes ?

« Je suis un grand homme à femmes, je vous l'assure. Je pourrais te montrer des lettres… »

Jervis fit un geste de dissidence frénétique.

« Bah, bah, bah ! Eh bien, tu sais bien que tu as eu *toi-même* cinquante amours
.

"Si je l'avais fait, je devrais les garder pour moi."

"C'est un camouflet" - avec un éclat de rire. « Et vous *le feriez* ; vous êtes un
type proche, devrais-je dire. Maintenant, je ne le suis pas ; J'aime parler de
mes expériences.

"Avec Mme Cardozo, bien sûr."

"Mme. Cardozo sait qu'il n'y a aucun mal en *moi* ; mais il me faut mes propres
amis, tout comme elle a les siens. Et il étendit le bras et contempla
amoureusement un mince bracelet en or. "Je suppose" - avec un sourire gêné
- " vous n'en possédez pas ? "

"Grand-tante! Je devrais penser que non. Est-ce que tu portes un collier aussi
?

M. Cardozo, qui était certainement l'âme de la bonne humeur , éclata de
nouveau de rire ; et Fuzzil , qui écoutait à la porte, rapporta que « le Kala
Sahib et les autres parlaient comme des frères ».

"Bien bien; profite de la vie tant que tu le peux, telle est *ma* devise. Et il but
une gorgée de Madère et fit claquer ses lèvres de manière audible. « Vous
n'avez pas besoin d'être choqué ; Je prendrai le plus grand soin de Maria tant
qu'elle vivra, et quand elle mourra, je me remarierai, probablement avec une
jeune fille.

Mark n'a fait aucun commentaire, aucun n'étant requis.

« Oui, j'aime la vie. Et toi; que vas-tu faire ici ? Attendez » – avec un geste
dramatique – « Je vais répondre à ma propre question. Soit ceci » – en portant
un verre à ses lèvres – « ou ceci » – en passant sa main sur sa gorge de manière
significative.

"Satan trouve encore des méfaits

Pour les mains oisives à faire.

— J'en aurai plein les bras, répondit résolument l'autre. «J'ai l'intention
d'opérer de grandes réformes. Je gérerai le budget intérieur ; Je vais me
débarrasser de Fuzzil et de son clan.

"Ho ho ho! vous vous débarrasserez tout aussi facilement du soleil, de la lune
et des étoiles. C'est un incontournable; il est ici depuis des années. Son frère

est Khitmatgar ; son père est cuisinier ; son oncle est dhobie . Oh, Fuzzil a frappé dans ses racines ; il sait quand il est aisé.

« Et je sais quand nous *ne sommes pas* aisés. C'est un voyou joueur, ivre et insolent. Enraciné, dites-vous ! Je vais l'expulser, racine *et* branche.

"Vous serez très fort si vous faites cela", répondit Fernandez, regardant entre ses cils le jeune homme au visage sévère et sobre de l'autre côté de la table, qui continua :

« Je compte sur vous pour m'envoyer un bon cuisinier. Je mettrai mon porteur à la tête du bâton ; son fils s'occupera de mon père.

"Ils vous voleront, bien sûr", remarqua Cardozo en haussant les épaules.

"J'en doute. Mais s'ils le font, ce sera d'une manière discrète et respectable – sans indécence ni extravagance – et dans une moindre mesure. L'argent passera entre mes mains. Les Mallees doivent apprendre qu'ils ne recevront plus de loyer gratuit pour leur jardin ni de salaire pour travailler à leur compte. Nous aurons de nouveaux meubles, la maison nettoyée et démantelée, un dîner quotidien , des papiers, des livres, un poney pour mon père.

« Vous ne ferez jamais tout cela, jamais. Je vous souhaite plein succès, vous savez, » - hochant la tête vers lui - « mais les travaux d'Hercule, le nettoyage des écuries d'Augias, n'étaient qu'une simple plaisanterie dans votre tâche. Voyons, je suis un sportif ; Je te parie cinquante roupies contre vingt que quand je reviendrai dans quelques mois, juste pour voir si tu es en vie, je retrouverai notre ami Fuzzil et les chèvres, les vieilles sorcières, les enfants et les poules, *en statu quo.* .»

Jervis secoua la tête ; il n'était pas d'humeur à parier ou à plaisanter. La vie était réelle, la vie était sérieuse – sinistre et sérieuse, avec lui maintenant.

« Eh bien, ta-ta ! il est presque midi et je dois partir tôt », dit M. Cardozo en se levant, et avec un bâillement qui semblait diviser sa tête en deux parties, il agita un adieu avec sa main préférée et son anneau. et se dirigea vers le lit.

Mais Mark Jervis était plus fort que Fernandez, flasque, émotif et complaisant ; et après une lutte désespérée, il réalisa ses plans. La lutte désespérée était de la part de la suite vaine de son père. Lorsqu'en une brève phrase il informa Fuzzil qu'il n'avait plus besoin de ses services, Fuzzil eut l'air de ne pas pouvoir créditer ses oreilles. Il souffla ses grosses joues et prit une attitude de défi, tandis que, les bras croisés et la tête penchée d'un côté, il disait :

«Tu n'es pas mon maître. Je ne prends aucun ordre.

"Je suis votre maître maintenant", dit Jervis.

«Je n'y vais jamais. C'est la maison de M. Cardozo.

"En effet! Je pense qu'il serait surpris d'entendre cela ; et vous constaterez que vous vous trompez. Vous avez tiré une très bonne affaire de cette situation. Votre temps est écoulé et vous partez demain.

Mahomed, le porteur, et ses suivants arrivèrent, et une grande scène de transformation s'ensuivit. Certaines vieilles femmes de l'enceinte et des écuries durent être transportées physiquement, en criant bruyamment, avec leurs lits, leurs ustensiles de cuisine et autres bagages – la collection d'années de vol – comme autant de nids de pies. Fuzzil lui-même a également dû être aidé à quitter les lieux, étant extrêmement ivre, son turban de travers et poussant de sauvages cris de vengeance, avec la bouche bégayante et écumante. Et puis le nouveau *régime* est entré en vigueur. La maison a fait l'objet d'un grand ménage de printemps ; le soleil et l'air pénétraient dans de vieilles pièces poussiéreuses et fermées à clé – des pièces qui offraient bien des surprises dans la forme de leur contenu ; un mélange des propriétés de l'Orient et de l'Occident : vieux howdahs et harnais d'argent, épées et lances rouillées, images de saints, bénitiers, crucifix, images, tulwars, bonnets, boîtes à noix de bétel, narguilés, armures . C'était, en fait, une combinaison d'un « tosha-khana » ou d'une garde-robe indigène, d'un oratoire et d'une boutique de prêteur sur gages.

La poussière, la saleté et les toiles d'araignées furent balayées, ainsi que les chèvres, les chevreaux et les volailles. Le linge de maison, les verres, la vaisselle et les tapis ont été remplacés – l'argent et les fils télégraphiques peuvent faire de grandes choses – les murs ont été blanchis à la chaux, les fenêtres nettoyées et la jungle abattue. Ainsi l'ordre et l'énergie furent infusés dans chaque département. Le « Pela Kothi », bien que défraîchi, était soigné et joyeux. Les repas étaient bons et servis par des serviteurs vêtus de neige ; des fleurs et des fruits étaient effectivement visibles sur la table. Il y avait un courrier quotidien, des livres, des magazines et un poney stable pour transporter le major Jervis. Mais il préférait clopiner cent fois sur la terrasse au bras de son fils, parlant des temps anciens et notant chaque détour d'un haricot. C'était déjà un autre homme, tiré au moins pour le moment de sa stupeur ; il s'intéressait aux nouvelles du jour, au jardin et surtout à ses pensionnaires, les lépreux.

Le jeune réformateur, qui avait été l'instrument de tous ces changements, avait travaillé dur, travaillé sans relâche, du matin au soir. Il sentait que l'occupation incessante était son seul refuge ; il n'osait pas se donner le temps de réfléchir. Il marchait sur les collines un après-midi, lorsque sa journée de travail était terminée, marchait jusqu'à ce qu'il soit si complètement épuisé qu'il pouvait dormir en toute sécurité comme une bûche et, surtout, à l'abri de ce qu'il redoutait le plus : les rêves.

CHAPITRE XXXVIII.
LA VOIX DANS LE CANTONNEMENT CONDAMNÉ.

Le cantonnement condamné exerçait une fascination extraordinaire sur Mark Jervis, et il faisait souvent un détour considérable pour rentrer chez lui par le sentier qui traversait cet endroit beau mais mélancolique. Le monde l'avait abandonné pour une bonne raison – il avait abandonné le monde pour une bonne raison, ils avaient quelque chose en commun dans leur isolement. Il connaissait les casernes, les mess, les bungalows en ruine, leurs jardins sauvages et enchevêtrés, où les fleurs et les arbres luttaient désespérément contre l'extinction causée par leurs cousins sauvages et leurs parents sauvages lointains. Les pommiers et les rosiers parvenaient encore à tenir bon, mais l'héliotrope et les géraniums avaient depuis longtemps succombé. Le cimetière était son repaire constant, il connaissait les noms et les courtes histoires sur les pierres tombales, les pierres tombales, les croix et bon nombre d'immenses tombes carrées, telles qu'elles paraissent particulières aux vieux cimetières indiens. C'était comme si une petite maison, ou une chapelle mortuaire, avait été élevée sur les défunts, et plus on pleurait sincèrement, plus ces grandes constructions sombres et tachées par le temps se profilaient grandes ! Il y avait un grand et majestueux édifice dédié à la mémoire de Constance Herbert, âgée de dix-neuf ans. Qu'avait fait la pauvre Constance pour mériter d'être alourdie par tant de tonnes de maçonnerie ? L'inscription a été effacée. Il y avait un autre sarcophage, érigé sur les restes d'un homme tué par une chute d'un précipice ; et un tombeau, de la taille d'une loge ordinaire, fut élevé à la mémoire d'un enfant âgé de dix-huit mois.

Un soir, Mark descendit la colline après une longue marche très irrégulière ; c'était l'heure du coucher du soleil ; il resta quelques instants captif de l'influence de son environnement : les collines bleuâtres, la distance teintée d'améthyste, les bungalows tranquilles et sans fumée, nichés parmi leurs vérandas fleuries, la douce lumière jaune inondant toute la vallée, le silence étrange. , un silence qui sied à ce lieu abandonné.

Il s'assit sur le chabootra (ou kiosque à musique) cultivé en herbe, sortit et alluma un cheroot. C'était dimanche et il jeta instinctivement un coup d'œil vers l'église sans toit. Quel avait été le dernier service célébré entre ses murs ? Un service pour l'enterrement des morts, sans aucun doute – des morts oubliés depuis longtemps, qui ont été enterrés dans son enceinte. Tandis qu'il était assis là, seul, au milieu de témoins muets du passé, son esprit voyageait en arrière sur toute sa vie, et il passa régulièrement en revue les incidents les plus mémorables, un à un ; le plus remarquable de tous lui était arrivé dans ces mêmes montagnes. Ses pensées se tournèrent vers son oncle, puis vers Honor Gordon. Que faisait-elle à l'instant ? Peut-être était-elle assise dans une église, écoutant attentivement l'un des brefs et excellents sermons de M.

Paul. Ses pensées, ou ses prières, s'étaient-elles déjà égarées vers lui ? Était-ce vrai ce que Miss Paske avait dit à propos des pensées des femmes ? Pouvait-il honnêtement dire à son propre cœur qu'il espérait qu'Honor Gordon l'avait oublié ? Préférerait-il être ce que la Bible appelle « un homme mort, fou » ?

Le soleil avait retiré pied à pied son manteau chaud et lumineux, le voile gris d'un court crépuscule indien s'étendait rapidement sur la vallée. Les ombres avançaient furtivement et momentanément, les bois étaient impénétrables et le premier cri du chacal s'éleva dans l'air vif de la colline.

Jervis s'était déjà levé pour partir, lorsque son attention fut arrêtée par un bruit inattendu – ce n'était pas un chacal, c'était une voix, une voix humaine – venant de la direction de l'église ou du cimetière. Il retint presque son souffle pour écouter, et c'est ce qu'il entendit, dans ce qui avait été autrefois un contralto très riche. Chaque syllabe était distinctement audible, et il y avait une légère pause presque imperceptible entre chaque mot...

"Oh, où trouvera-t-on le repos...

Du repos pour l'âme fatiguée ?

"Il était vain de sonder les profondeurs de l'océan,

Ou percez l'un ou l'autre poteau.

Il y eut un silence d'une minute entière, pendant lequel le cœur du jeune homme cogna violemment contre ses côtes. Était-il en train d'écouter la voix de quelqu'un ressuscité du tombeau ?

Puis le chant étrange recommença, avec un gémissement de désespoir passionné dans les notes :

«Le monde ne pourra jamais donner

Le bonheur pour lequel nous soupirons ;

Ce n'est pas toute la vie à vivre,

Ni toute la mort pour mourir.

Il attendit un temps considérable, dans la fièvre d'une attente palpitante, mais il n'y eut plus rien. Après s'en être assuré, il s'agissait ensuite de se familiariser avec la personnalité de l'interprète. Il courut vers les ruines de l'église, enjamba un tas de maçonnerie brisée – la petite enceinte carrée se mesurait facilement d'un seul coup d'œil – elle était vide.

Puis il fit lentement le tour et examina les murs à la lumière déclinante. Non, sa quête était vaine, il n'y avait pas une âme — c'était sans doute une âme — en vue. Dans l'obscurité grandissante, la vallée désormais silencieuse était devenue très sombre , les arbres formaient d'horribles ombres et la forêt semblait s'étendre jusqu'aux montagnes, jusqu'à se perdre dans le ciel sombre.

« Dans quelle direction avez-vous roulé aujourd'hui, Mark ? » demanda son père alors qu'ils étaient assis autour de leur dessert.

« Je ne peux pas vous le dire avec précision, monsieur ; mais je suis rentré par le cantonnement.

« Un bel endroit ; les autorités n'auraient pas pu faire un meilleur choix, si elles avaient cherché cinq cents milles : bon air, bonne eau, bon aspect ; et pourtant le dernier régiment y est mort comme des mouches. Les indigènes disent que c'est un endroit maudit et qu'aucun d'entre eux ne s'en approchera après le coucher du soleil.

« Je suppose que vous ne croyez pas à ce genre de choses, monsieur ; tu n'es pas superstitieux ?

"Pas moi", avec indignation. « Mércèdes était assez superstitieux pour cinquante ans ; elle avait toutes les superstitions indigènes à portée de main, et les superstitions européennes par-dessus le marché ! Il ne restait que très peu de marge entre les deux ! Presque tout ce que vous disiez, ou faisiez, ou voyiez, ou portiez, devait forcément avoir un sens, ou être un présage, ou porter malheur. Je me souviens qu'elle hésitait à repartir de Mussouri le jour de sa mort, simplement parce qu'elle avait trouvé une piquante de porc-épic sur le pas de la porte ! J'ai vu des choses étranges au cours de ma journée », a poursuivi le major Jervis. « Lorsque nous étions cantonnés à Ameroo, j'ai eu une frayeur dont je ne me suis pas remis pendant des mois. J'avais perdu mon chemin en piquant des cochons et je revenais seul, assez tard. À un endroit de la route, j'ai dû traverser une grande bande d'eau irrégulière, et là, debout au milieu, se tenait en réalité un *squelette* , se balançant lentement d'avant en arrière ; Je n'oublierai jamais ce spectacle à glacer le sang – et je ne sais pas encore aujourd'hui comment je suis rentré chez moi.

« Et comment cela a-t-il été comptabilisé ?

« Par des causes parfaitement naturelles, bien entendu ! Le choléra avait éclaté dans un village proche de l'endroit où j'avais vu le spectre , et les gens étaient morts en si grand nombre qu'il n'y avait pas de temps pour le bûcher funéraire habituel. C'était tout ce que pouvaient faire ceux qui étaient épargnés pour amener le cadavre sur place, attacher un gurrah (ces grands récipients à eau) à la tête et aux pieds, les remplir d'eau, pousser le corps dehors, puis se retourner et voler presque avant qu'il ne puisse le faire. couler à l'abri des regards ! Mon fantôme était l'un de ces corps. Le gurrah de la tête s'était détaché, et celui des pieds avait tiré le cadavre en position verticale, et le voilà, un spectacle à faire tourner le cerveau d'un homme ! Nous avons été cantonnés à Ameroo pendant quatre ans, et je ne suis jamais passé devant ce misérable endroit sans frémir. La dernière fois que je l' ai vu , l'eau était basse, couverte de l'herbe d'eau indienne d'apparence rougeâtre habituelle ; au bord se trouvait un crâne noirci au soleil. Cette mare hideuse était la tombe de deux cents personnes.

"Et ainsi votre fantôme a été retrouvé et expliqué", a déclaré Mark. "Avez-vous déjà rencontré quelque chose, au cours de toutes vos années ici, qui *ne pouvait* être expliqué ou expliqué ?"

"Oui je l'ai fait; un petit fait étrange, insensé, insignifiant, aussi têtu que le reste de sa tribu. Un matin, il y a de nombreuses années, j'étais en train de chasser les pigeons avec quelques amis, et nous sommes tombés sur un grand arbre peepul, parmi les branches duquel flottaient divers petits drapeaux rouges et blancs sales, et sous son ombre se trouvait un chabootra , environ quinze ans. pieds carrés et surélevé de trois pieds du sol. En montant dessus, malgré la protestation d'un fakir, nous découvrîmes un trou rond au centre , et en regardant en bas, nous aperçumes une eau sale, couverte d'écume des plus malsaines. Les parois du puits étaient creuses et inégales et avaient une sorte d'aspect pétrifié. Nous avons demandé la raison des signes de « caca » que nous avons vus et avons entendu la simple histoire de l'eau dans le puits. Elle n'a jamais augmenté ni diminué, peu importe si le temps était chaud et sec, ou froid et humide ; peu importe si la pluie tombait à torrents ou si la terre était desséchée par la sécheresse, si le jus de canne à sucre ou le sang de la chèvre sacrificielle était versé dans des seaux pleins, ou pas du tout. On pourrait l'observer de près, pour montrer qu'il n'était pas réglé par des mains humaines, et on verrait qu'il n'a jamais changé. C'était donc saint. Le dieu « Devi » était censé être responsable du curieux phénomène de l'eau toujours au même niveau – à environ quatre pieds de l'embouchure du puits, et n'augmentant jamais sa profondeur – estimée à trente pieds. À maintes reprises, j'ai revisité l'endroit, d'autres aussi, et nous n'avons jamais découvert de changement. C'était un fait que nous ne pouvions pas expliquer. Pourtant, je ne crois pas au surnaturel !

Comme son père ne croyait pas au surnaturel et était probablement un auditeur sceptique , Mark résolut de garder son expérience pour lui ; peut-être qu'il pourrait aussi y avoir une cause naturelle à *cela* .

L'arrivée d'un visiteur à la Maison Jaune n'a pas échappé au voisinage ; plusieurs jeunes planteurs se sont rassemblés pour le rechercher et ont discuté des cultures fruitières, des cultures de thé et des meilleurs rythmes pour le gurool , des meilleures rivières et lacs pour le mahseer, et lui ont offert de chaleureuses invitations dans leurs bungalows respectifs. Le missionnaire allemand le rechercha, ainsi que M. Burgess, le médecin et padré américain , qui travaillait parmi les lépreux. Comme ses prédécesseurs, il avait été frappé par le changement remarquable et presque magique qui s'était produit dans et autour du Pela Kothi. Il vit son patient, le major Jervis, dans une pièce confortable et aérée, vêtu d'un costume neuf et soigné, lisant un récent *Pioneer* comme un homme sensé. En homme sensé, il discutait de politique, de sujets locaux et, avec plus d'enthousiasme, de son fils, qui malheureusement n'était pas à la maison. Bientôt, un excellent tiffin fut servi au visiteur, il fit le tour du jardin et, comme il notait les améliorations dans chaque département, il arriva à la conclusion que Jervis, junior, devait être un individu remarquable. Il eut l'occasion de le juger personnellement avant de partir, car il arriva au moment où M. Burgess partait, regretta de ne pas être arrivé plus tôt et, appelant un autre poney, se porta volontaire pour accompagner le révérend invité. le chemin du retour.

Un jeune homme à l'air résolu et un cavalier capital, a noté M. Burgess, alors que le jeune poney de Mark effectuait une série de pitreries tout au long du chemin devant son propre animal sobre et âgé.

« Votre père va merveilleusement mieux. Je suis son conseiller médical, vous savez », a déclaré le missionnaire.

"Oui, et j'aimerais que tu vives à moins de douze milles."

« Il a une constitution merveilleuse. Il a eu une attaque de paralysie, il peut être enlevé subitement et il peut vivre encore trente ans. Cela fait longtemps que vous ne vous êtes pas rencontrés ?

"Je ne l'ai vu que récemment, depuis que je suis enfant."

"C'est étrange, même si, bien sûr, l'Inde brise les familles."

«J'ai été adopté par un oncle et j'ai vécu à Londres la plupart de mon temps.»

"Ah je comprends; et je suis sorti rendre visite à ton père.

« Oui, en partie ; en fait, je peux dire principalement.

« Et vous avez partagé votre sort avec lui. M. Jervis, je vous honore pour cela. Mark avait l'air mal à l'aise et son compagnon ajouta : « Cette vie doit être un grand changement, en effet, comme s'il s'agissait d'une autre forme d'existence pour vous ; tu ne dois pas te laisser stagner maintenant que tu as mis de l'ordre dans ta maison, mais venir parmi nous quand tu le pourras. Il y a Bray et Van Zee, les deux planteurs les plus proches de vous, tous deux de bons gars. Vous avez un voisin beaucoup plus proche que vous ne verrez jamais.

« En effet, je suis désolé d'entendre cela. Puis-je demander pourquoi?"

« C'est quelqu'un qui recule devant les rencontres avec les Européens, et qui se tient même à l'écart de moi. Même si nous travaillons dans le même domaine, nous nous sommes rarement rencontrés.

Mark aurait aimé glaner plus de détails, mais le robuste missionnaire américain n'était pas disposé à être communicatif, et tout ce qu'il pouvait comprendre sur son mystérieux voisin , c'était que l'individu n'était ni un Européen, ni un païen, ni un jeune.

CHAPITRE XXXIX.
UNE VISITE CONVIVIALE.

Le capitaine Waring était parti pour l'Angleterre sans cérémonie ni battement de tambour (laissant ses dettes derrière lui), probablement aussi son cousin, qui n'avait pas eu la décence commune de laisser des cartes PPC - non, même pas au mess ou au club - et qui avait traité honteusement le pauvre Honor Gordon ; en effet, plusieurs matrones s'accordèrent à dire qu'au bon vieux temps, un tel homme aurait certainement été fusillé ou fouetté !

Comme le colonel Sladen avait ri, supputé et calomnié, déploré la beauté perdue de la jeune fille et l'idiotie de sa tante devant tous les arrivants, alors qu'il attendait avec impatience son caoutchouc de l'après-midi ! A côté de son whist, la détente qu'il appréciait le plus était un *bon bavardage méchant* , avec une sauce en forme de détails piquants et bien épicés.

Aucune information fiable concernant M. Jervis n'avait encore circulé, car Clarence, après y avoir réfléchi, avait gardé entièrement pour lui les projets de son défunt camarade et le lieu où il se trouvait.

Mme Brande le savait et tenait sa langue. A quoi bon parler ? Elle était très sobre à cette époque, même dans la couleur de ses vêtements. Elle allait rarement au club ; elle n'osait pas affronter certains regards interrogateurs et impitoyables dans l'horrible véranda ; en fait, elle est restée en retrait à un degré sans précédent. Néanmoins , elle avait ses projets et était prête à renaître tel un phénix des cendres de ses anciens espoirs. Elle envisageait en fait une seconde aventure, sous la forme d'une nièce. Elle pensait qu'Honor voulait se remonter le moral, et qu'un visage de chez lui – surtout un si joli visage – aurait sûrement un résultat heureux. Mais les pensées d'Honor étaient secrètement fixées sur un autre visage, un certain visage incolore et beau, un visage qu'elle ne s'attendait plus jamais à revoir. Son esprit était rempli de souvenirs poignants sur une paire d'yeux, sombres de misère muette, qui avaient regardé les siens ce matin haineux de juin.

« Nous pouvons très bien nous le permettre, P. », insista sa femme à propos de son projet. "Une fille équivaut à deux : un ayah entre elles." Elle connaissait peu Fairy.

« S'il vous plaît, » s'écria enfin M. Brande ; mais Honor sera toujours ma nièce, ma nièce en chef, et rien ne lui fera jamais perdre le nez avec son oncle Pelham.

« Personne ne veut ! J'aimerais voir quelqu'un essayer cela, ou avec moi non plus. Mais quel nez Fée a ! Juste modelé sur son visage comme un travail de cire.

Mme Brande a parlé longuement et avec enthousiasme à Honor de sa sœur. Mais Honor ne réagit pas ; ses yeux étaient détournés, ses réponses insatisfaisantes ; en fait, elle parlait peu et paraissait franchement mal à l'aise et affligée. Et sans doute se sentait-elle un tout petit peu coupable d'avoir empêché l'enfant de sortir auparavant. Mais cela ne ressemblait en rien à Honor ; Mme Brande ne pouvait pas le comprendre.

Comme elle exulterait d'une nièce qui serait un miracle de beauté, au lieu d'être simplement une fille jolie, brillante et populaire. Non pas que Honor soit très brillant maintenant ; elle perdait sa belle apparence et l'histoire d'amour d'Honor avait connu une fin si lamentable. L'honneur n'était pas le genre de fille à s'entendre avec quelqu'un d' autre ; et, en effet, elle ne pouvait pas se le demander. Pauvre Marc ! de tous ses garçons, il était celui qui lui tenait le plus à cœur.

cependant qu'il avait poussé beaucoup trop loin l'amour filial, alors qu'elle réfléchissait à son sacrifice dans des moments de froide réflexion. C'était une honte que Mark, Honor et une magnifique fortune soient tous sacrifiés à un vieil ermite excentrique.

Mme Brande parlait peu ; elle ne recevait pas le soutien et les encouragements auxquels elle s'attendait. Elle plaça la photographie de Fairy dans le cadre argenté du pauvre Ben, à un endroit bien en vue du salon, et elle ébaucha mentalement le brouillon d'une autre lettre à Hoyle.

Avant que cette lettre ne prenne forme définitive, Mme Langrishe est venue nous rendre visite – un « appel » pour un dîner – en pleine forme et dans sa meilleure toilette de l'après-midi. S'asseyant sur le canapé, elle commença à parler à Mme Brande de son cher invalide, exactement comme si elle parlait à un auditeur des plus sympathiques, et non à un rival mortel.

"C'est un homme si gentil et si calme dans une maison."

« D'ailleurs, rétorqua Mme Brande, il est assez tranquille hors de la maison et partout ailleurs. »

"Et il est si content et facilement amusé", a poursuivi Mme Langrishe . «Je l'ai laissé avec Lalla qui lui faisait la lecture à haute voix.»

"Pensez-vous que c'est *tout à fait* vrai ?" » demanda Mme Brande avec un reniflement douteux.

"Pourquoi ne le ferait-elle pas aussi bien que les infirmières des hôpitaux ?" demanda son visiteur.

Mme Brande a réfléchi au résultat de ses propres soins. Ces soins infirmiers auraient-ils le même effet ?

« Les infirmières des hôpitaux sont généralement jeunes, célibataires et très souvent jolies », reprit Mme Langrishe . « Ils font la lecture à leurs patients et prennent le thé avec eux, et personne ne dit un mot. Toute la différence entre elles et ces filles réside dans leur uniforme et leur expérience ; et sûrement personne *ne* songe jamais à faire une remarque sur ces jeunes femmes excellentes et dévouées !

Lalla n'était pas excellente, mais elle avait certainement été très dévouée, comme sa tante le reconnaissait avec reconnaissance.

"Eh bien, je ne sais pas si je devrais permettre à Honor de le faire", a déclaré Mme Brande d'un air méditatif.

« Peut-être pas. Bien entendu, cela dépendrait des circonstances. Maintenant (posant deux doigts ludiques sur le bras rond de Mme Brande), je vais être un petit oiseau et vous murmurer un petit secret à l'oreille.

Mme Brande recula, comme si elle pensait que Mme Langrishe allait être un petit serpent à sonnette.

« Elle ne sera pas distribuée avant quelques jours, mais Lalla et Sir Gloster sont fiancés. C'est tout à fait réglé.

Sir Gloster n'avait proposé que la veille au soir et avait supplié que l'on puisse garder le secret sur les fiançailles pendant une semaine, jusqu'à ce qu'il ait télégraphié à sa très importante mère. Il faut lui en parler avant tout le monde . Oui, il avait succombé aux caresses lumineuses de Lalla. C'était un homme ennuyeux et lourd ; il aimait s'amuser. Il s'amuserait à longueur de journée quand Lalla serait sa femme. Elle avait une voix charmante et lisait bien à haute voix. Elle lui apportait toutes les nouvelles, c'était une admirable imitatrice, une adroite flatteuse, et tout à fait une charmante fille ; et ses *tête-à-tête quotidiens* étaient d'un caractère des plus stimulants, et il les attendait avec impatience. Elle lui fit une description capitale du démasquage du capitaine Waring, de la sensation créée par le *soi-disant* parent pauvre ; comment tout le monde était certain que ce serait un match entre lui et Miss Gordon ; comment il s'était enfui, et Miss Gordon était restée. Il avait visiblement rejoint son ami à Bombay – un jeune homme *sage* !

Sir Gloster, qui était naturellement d'un caractère colérique et implacable, n'avait jamais récupéré du choc de son affection et de son estime de soi. Il n'était nullement fâché d'apprendre qu'à son tour miss Gordon avait été repoussée, et il était résolu à lui montrer avec quelle rapidité *il* avait été consolé.

Mme Langrishe , lorsqu'elle est entrée dans la maison de Mme Brande, n'avait pas l'intention de divulguer sa grande nouvelle – simplement de lancer des allusions, de faire des comparaisons et de piétiner plus ou moins les morts et les abandonnés.

Mais pour une fois, la nature humaine était trop forte pour elle : elle aurait été gravement malade si elle n'avait pas alors soulagé son esprit de son immense exploit.

Mme Brande ouvrit grand ses yeux bleus ; ses pires craintes se sont confirmées.

Elle esquissa cependant un sourire artificiel et dit :

« Je suis sûr que vous êtes très heureux », ce qui était vrai – « et je suis vraiment heureux de l'entendre », ce qui n'était pas vrai.

« Cela doit rester silencieux pendant une semaine », murmura Mme Langrishe ; "Mais je vous le dis en tant que vieil ami, qui, j'en suis *sûr*, sera ravi de la nouvelle. Bien sûr, nous sommes tous ravis ; c'est tout ce qu'on peut souhaiter, et elle se redressa.

"Je devrais plutôt penser que c'était le cas!" » répondit Mme Brande d'un ton acerbe ; elle n'était qu'humaine après tout.

« Mon frère et tout mon peuple en seront très heureux : sir Gloster est un si bon garçon, si aisé et *si* stable.

"J'espère qu'il ne sera pas un peu *trop* stable pour Lalla !"

« Pas lui ; et il se réjouit de tous ses divertissements et de ses chants… »

"Et en dansant?" suggéra Mme Brande de manière significative.

« Ce ne sera pas un long engagement », ignorant ce petit coup de pouce. « Nous sommes la deuxième semaine de septembre ; nous descendrons tous dans six semaines. Nous aurons le mariage dans environ un mois.

Il était sur le bout de la langue de Mme Brande de dire : « Les retards sont dangereux », mais elle ferma les lèvres.

"Où est l'honneur?" » demanda Mme Langrishe avec une rare effusion.

« Elle est partie dans le khud chercher du lierre pour la table. J'ai un petit dîner ce soir.

"Tu dînes toujours, tu es une femme merveilleuse."

la position de Pelham , nous devons recevoir, et j'ai pour règle de dîner une fois par semaine."

« Vous êtes une véritable providence pour la gare ! » s'écria affectueusement son visiteur. « Comme ces herbes sont jolies. Je suppose qu'Honor les a arrangés ? Quelle fille utile elle est !

« Oui, elle me libère de tous les ennuis. Je ne sais pas comment je pourrai m'en sortir sans elle.

« Quelle chance pour toi qu'il n'y ait aucune chance qu'elle te *quitte* ! Ma chère, c'était une affaire des plus malheureuses à propos de M. Jervis.

"Que veux-tu dire?" » demanda Mme Brande, dont la crête commençait à se soulever.

« Oh », avec un rire désagréable, « c'est ce qu'il *voulait dire* ! Il accorda à Honor la plus grande attention, et dès qu'il se révéla sous son vrai visage , il s'enfuit. Personne ne sait ce qu'il est devenu.

"Pardonnez-moi, *nous* le faisons!" » répondit sa championne avec un frémissement de son double menton.

« Et… où est-il, ma chérie ? que fait-il?"

« Il fait une bonne action, une action noble. Mettre lui-même et ses souhaits de côté pour le bien des autres », répondit Mme Brande avec une vive émotion.

"Eh bien," plutôt déconcerté, "si vous et Honor, et surtout *M. Brande* , êtes satisfaits, bien sûr, il n'y a plus rien à dire..."

"Non", catégoriquement. « J'espère qu'on n'en dira pas *plus* . Avez-vous vu la photo de mon autre nièce, la sœur d'Honor ? faisant un effort désespéré pour se rallier et changer la conversation, et attrapant le cadre qu'elle plaça solennellement dans la main de Mme Langrishe .

"Que penses-tu d'elle?" Ici au moins, elle était certaine de remporter un petit triomphe.

« Réfléchissez, ma chère femme ! Eh bien, qu'elle est parfaitement charmante. (Il était prudent de féliciter une fille qui était en Angleterre.)

« Au début, elle faisait son coming-out, poursuivit sa tante, mais elle a changé d'avis. Maintenant, nous envisageons de la sortir en novembre avec la fille des Hadfield.

"En effet", dit Mme Langrishe , réfléchie, et soignant toujours l'image, pour ainsi dire, sur son genou.

Elle avait un talent merveilleux pour capter des nouvelles étranges, et son cerveau contenait de petits fragments utiles de la description la plus confuse.

Son esprit était une sorte de sac à main, et ces bribes arrivaient souvent de manière appropriée. Elle en a fouillé un morceau maintenant.

Elle avait récemment entendu parler, par un de ses cousins (un artiste), d'une Mme Gordon, veuve et mère de deux filles, dont une charmante, qui était assise à ses yeux sous le nom de Rowena - une Rowena idéale - mais qui était aussi une naine. — une sorte de petite créature que vous pourriez exhiber.

« Votre nièce habite-t-elle à Hoyle et son nom est-il Fairy ?

"Oui. Pourquoi demandez-vous?" plutôt avec empressement.

«J'ai entendu parler d'elle récemment par mon cousin, Oscar Crabbe. Et pourquoi n'est-elle pas sortie ? la regardant avec un drôle de sourire.

"Sa santé n'était pas très bonne - et il y avait une autre raison - dont on ne m'a pas parlé."

«J'en connais la raison et je peux vous la dire, si vous le souhaitez», dit Mme Langrishe avec un air de confiance affectueuse.

C'était là une occasion inattendue de planter une fléchette dans le côté de son adversaire.

« Cela ne sert à rien de garder l'affaire secrète, c'est tout aussi insensé que ce plan du jeune Jervis, qui était comme une autruche se mettant la tête dans le sable. D'ailleurs, il semblerait que *ce* soit une idée assez explosée ! Tout le monde à Hoyle connaît l'apparence de Miss Fairy Gordon – elle est extraordinairement charmante – mais…

« Mais pas fou ? Ne dites pas qu'elle est folle ! » protesta Mme Brande avec enthousiasme.

"Non non; pas si mal que ça. Mais, regardant fixement son auditeur dans les yeux, elle ajouta : « pauvre petite créature, c'est une *naine* ! Elle n'a jamais grandi après l'âge de dix ans, m'a-t-on dit. Oui, c'est terriblement dommage », regardant le visage horrifié de son hôtesse. "Assise, elle est comme les autres, mais quand elle se lève, elle semble n'avoir pas de jambes."

"Un nain! Pas de jambes! Et elle a pensé à venir vers moi ! Et j'allais justement lui écrire et lui demander de commencer en novembre », répéta Mme Brande, haletant.

« Eh bien, ma chère, c'est une circonstance des plus heureuses que votre lettre ne soit pas partie. Qu'aurais-tu pu faire d'elle ? Vous n'auriez jamais pu la sortir sauf *la nuit tombée* .

Ce fut une initiative terriblement efficace. Mme Brande était totalement incapable de riposter et ne répondit pas.

"Un nain !" Son esprit lui évoquait une petite femme grasse et jaunâtre, telle qu'elle en avait vue autrefois à l'extérieur d'un spectacle dans une foire, et ce misérable indigène rabougri qui se promenait à Shirani, mendiant, sur les épaules d'un garçon.

Et sa nièce, dont elle était si fière qu'elle l'avait placé dans un cadre en argent massif, sa charmante nièce était comme ça !

"Je m'étonne qu'Honor ne me l'ait jamais dit ", murmura enfin Mme Brande.

"Et je ne le fais pas", fut la réplique catégorique. « De toute évidence, la mère et les sœurs ont toujours gâté la petite, qui croit qu'elle n'est en rien différente des autres et est trop ridiculement vaniteuse. Même si elle mesurait cinq pieds six pouces, je suis sûre que vous seriez bien plus heureux sans elle », a conclu Mme Langrishe en se levant et en serrant la main de son hôtesse pendant qu'elle parlait. Et après avoir offert ce petit fragment de consolation, elle s'éloigna en bruissant.

Mme Brande, la pauvre femme, avait en effet été piétinée et écrasée jusqu'à terre. On lui avait demandé de se joindre au chant de triomphe de sa rivale face au superbe succès de Miss Paske ; elle avait été désolée pour elle-même des malheurs de sa chère fille ; et on lui avait dit qu'elle était la tante d'un nain !

Elle resta assise pendant un certain temps dans un état brisé et stupéfait ; puis elle se leva et emporta à la hâte la photo de Fairy et l'enferma dans une boîte, à l'abri de tous les regards, et même des doigts bruns curieux de l'ayah.

Honor remarqua l'absence de la photo de sa sœur à son poste d' honneur habituel - elle était introuvable - l'absence du nom de Fairy dans la conversation, la cessation soudaine de tout intérêt pour les mouvements de Gerty Hadfield, et devina avec raison que quelqu'un avait aimablement éclairé sa tante, et qu'elle était désormais en possession de l' *autre* raison.

CHAPITRE XL.
LE NOUVEAU PORTEUR DE LA BAGUE CORNELIENNE.

Six semaines s'étaient écoulées. Malgré toutes ses occupations, Mark avait désespérément du mal à perdre du temps ; il avait l'impression d'avoir vécu sa vie actuelle depuis au moins six ans. La mousson était tombée, et certains jours les torrents l'obligeaient à rester à l'intérieur ; et tandis que des nappes de pluie et des ouragans de vent balayaient la vallée, une épouvantable solitude s'installait sur le misérable jeune homme. Son père dormait de nombreuses heures et il n'avait personne avec qui échanger une parole. Un soir, pendant une pause bienvenue, il rentrait chez lui sur un sentier escarpé et glissant qui serpentait à travers des forêts de pins sombres et humides, lorsque son poney recula si violemment qu'il faillit perdre pied ; il avait pris peur devant un objet indéfini au bord de la route, quelque chose que son cavalier avait d'abord pris pour un ours, jusqu'à ce qu'il émette un gémissement d'angoisse humaine indubitable.

"Quel est le problème?" » demanda Jervis en descendant rapidement de cheval.

« Hélas, je me suis blessé au pied ! répondit une voix féminine en hindoustani . "Je suis tombé, je ne peux pas marcher."

Jervis jeta la bride sur son bras, alluma une allumette et, la protégeant de sa main, vit, recroquevillée, ce qui semblait être une vieille femme indigène. Elle lui expliqua, entre gémissements et halètements, qu'elle s'était tordue la cheville sur une racine sur le chemin et qu'elle ne pouvait plus bouger.

« Es-tu loin de chez toi ? » » s'enquit-il.

"Trois milles."

"Dans quelle direction?"

"La colline au-dessus de l'ancien cantonnement."

"Je sais. Si vous pensez pouvoir vous asseoir sur mon poney, je le conduirai et vous ramènerai à la maison en toute sécurité.

"Oh, je suis tellement lâche", s'écria-t-elle. "Est-ce que le poney est doux?"

« Oui, il va bien ; Je répondrai du poney.

« Je… et je ne peux pas supporter la douleur. Oh—oh ! mais il le faut » — luttant en vain pour se relever et retombé.

Elle s'est avérée légère, alors que Jervis la soulevait corporellement dans ses bras et la plaçait en selle. Heureusement, le poney, qui portait le nom évocateur de « Shaitan », était trop dégrisé par un long voyage pour s'opposer activement au port d'une dame. Le chemin du retour s'avéra extrêmement fastidieux ; la route était mauvaise et presque noire. L'indigène, qui semblait connaître chaque mètre du chemin, dirigea son compagnon par un sentier presque englouti dans la jungle, jusqu'à une colline derrière le vieux réfectoire. Ils montèrent sans cesse , jusqu'à ce qu'ils arrivèrent à un petit bungalow en pierre, avec une lumière à la fenêtre. La porte fut ouverte par une autre femme indigène et un vieil homme dont les lamentations aiguës et volubiles étaient presque assourdissantes.

"Tu ferais mieux de me laisser te porter?" suggéra Jervis.

"Non non." Puis impérieusement à l'autre femme : « Anima, amène-moi une chaise et aide-moi à descendre.

Mais Anima, à la silhouette svelte et ratatinée , s'était vu confier une tâche bien au-dessus de ses forces, et ce furent finalement les bras musclés du jeune Anglais qui soulevèrent l'autre de la selle. Alors qu'il la déposait soigneusement sur le sol, son châle, ou sari, tomba et la lumière de la lampe révéla une femme à la peau claire, aux cheveux blancs comme neige et à une paire de magnifiques yeux noirs. Elle avait peut-être cinquante ans – ou plus – et, même si ses lèvres étaient tirées par la douleur, elle était remarquablement belle, avec un visage de grande race. Ce n'est pas un natif ; en tout cas, elle ne ressemblait à aucun indigène que Jervis ait jamais vu. Qui était-elle?

Un coup d'œil à l'intérieur le surprit encore davantage ; au lieu du fouillis habituel de marmites, de nattes et de narguilés, il aperçut une table ronde, avec une couverture cramoisie. Un journal, ou ce qui ressemblait à un journal, était posé dessus ; il y avait un fauteuil, un feu allumé dans une cheminée, avec un chat clignant des yeux tranquillement devant lui.

Qui était cette femme ? Il était peu probable qu'il apprenne d'autres détails – pour le moment, car elle était aidée par ses deux domestiques ; et pendant qu'il attendait, la porte fut brusquement fermée et barrée, et il se retrouva dehors, seul dans le froid et l'obscurité. Ici, c'était de la gratitude !

Il rentra lentement chez lui, le poney tâtonnant au sens figuré, tandis que son maître était perdu dans ses spéculations. C'était le mystérieux voisin , il en était certain ; c'était le tendre des tombes, le propriétaire de la voix.

Il raconta son aventure à son père pendant qu'ils jouaient au piquet.

Le major Jervis ne fut pas aussi surpris que le jeune homme l'avait prévu : il se caressa simplement le front, un de ses trucs favoris , et dit, les yeux toujours fixés sur ses cartes :

« Oh, alors vous avez croisé la femme persane ! J'entends si rarement parler d' elle, je l'avais oubliée.

"Persan?"

"Oui. Elle est dans ces collines depuis des années, travaillant parmi les lépreux. Une femme à la peau claire, avec de grands yeux sombres et obsédants.

"Mais qui est-elle ?" jetant ses cartes et regardant son père avec impatience.

« Elle est ce que je vous dis, » avec impatience , « une Perse ; ils sont généralement blonds, et j'ose dire qu'elle était belle en son temps, il y a une trentaine d'années. Pourquoi es-tu si intéressé ?

« Parce que j'ai une autre idée en tête ; Je crois qu'elle est anglaise.

Le rire du major était fort et sonore, et pas du tout fou.

« Elle est Persane – seulement, bien entendu, vous n'êtes pas un juge – et jusqu'au bout de ses doigts.

"Mais qu'est-ce qu'elle fait ici ?"

"Je préférerais que tu lui demandes ça plutôt que moi", fut la réponse extrêmement sensée. « Elle est chrétienne, je crois, et elle est en train de réparer ses péchés. Je n'ai aucun doute sur le fait qu'elle est une femme avec un passé. On peut le lire dans ses yeux. Viens, mon garçon, prends ta main ; c'est à votre tour de jouer.

Mark Jervis, comme nous le savons, n'avait pas eu le temps ni l'occasion de lire quoi que ce soit, qu'il fasse référence au passé ou au présent, dans les yeux du Persan ; mais cette omission fut bientôt corrigée.

Un après-midi, il aperçut, tandis qu'il passait, une silhouette, un bâton à la main, posée sur les marches du réfectoire, silhouette qui leva le bâton et l'appela impérativement à s'approcher.

C'est sans doute sa récente connaissance qui tira davantage le voile sur sa tête, en disant :

« Sahib, je tiens à vous remercier pour votre bienveillance charitable. En vérité, sans toi, j'aurais passé toute la nuit dans la forêt, sous la pluie et parmi les bêtes.

"J'espère que vous allez mieux?" » demanda-t-il en ôtant sa casquette.

« Ouais, presque bien. Bien que je vous sois étranger, je sais que vous êtes le fils de Jones Sahib.

« Le major « Jervis » est son vrai nom. Oui, je suis son fils.

«J'ai entendu parler de vous», continua-t-elle d'un ton plutôt noble.

"En effet!"

«Des lépreux», ajouta-t-elle d'un ton significatif.

« C'est vous qui gardez en ordre les tombes là-bas ?

"Peut être!" fut sa réponse prudente.

« Et qui chante des hymnes anglais dans la vieille église ?

Une légère contraction passa sur son visage alors qu'elle répondit :

« Non, je suis une Perse du Bushire. Que devrais-je savoir de tes chants ou de ta langue ?

« Alors qui… est-ce que ça peut être ? » » demanda Jervis en la regardant fixement.

« Noble jeunesse, pourquoi me le demander ? Une femme d'entre les morts, peut-être, rétorqua-t-elle d'un ton moqueur.

"Au moins, c'est vous qui faites tant de bien parmi les malades Pahari et les lépreux ?" il a persisté.

« Oui, je n'en suis qu'un : le terrain est grand. Qui peut remplir les bocaux de rosée ? J'aimerais pouvoir faire plus.

"Je pense que ce n'était guère possible."

« En ce qui concerne ces mains, » étendant une paire de membres aux formes délicates, « je fais ce que je peux ; mais qu'est-ce qu'un citron à presser pour tout un village ! Si j'avais une grande maison qui me servirait d'hôpital, j'aurais tout ce que mon cœur désire. Je suis habile en médecine, mon serviteur aussi ; nous aurions nos malades à nos côtés et nous pourrions faire beaucoup de choses : c'est mon rêve. Cela n'arrivera jamais tant que le soleil ne se sera pas replié et que les étoiles ne seront pas tombées.

« Un de ces bungalows répondrait sûrement. Pourquoi pas ce mess ? suggéra généreusement Jervis.

"Vrai; mais le sircar ne voulut pas me le céder. Déjà le sircar m'a donné ma demeure ; et, sans doute, si je demandais le Mess Khana, ils affirmeraient que je ressemble à l'homme qui, en recevant un concombre, exigeait une cime de manguier ! De plus, cette station morte pourrait se réveiller une fois de plus. Même dans *ma* mémoire, les joyeux sahibs et mem sahibs ont séjourné ici et ont tenu de grands tamashas ; mais il y a des années qu'ils ne sont pas venus, et l'endroit est peut-être oublié.

« Et donc vous vivez seul ici depuis des années ? » dit le jeune homme. Ses yeux remarquablement expressifs ajoutaient distinctement le « *Pourquoi ?* " Sa langue s'est abstenue de prononcer.

« Oui, je suis mort au monde et au rugissement des conflits et de la vie depuis de nombreuses lunes ! Si toutes les histoires sont vraies, les histoires murmurées même dans ce pays vide, vous avez abandonné de nombreux délices pour donner vos jours au vieil homme, votre père ? N'est-ce pas ? Elle leva les yeux d'un geste rapide et son sari retomba.

Alors que Jervis baissait les yeux vers les yeux sombres tournés vers lui, il était d'accord avec son père ; c'était sans aucun doute une femme avec un passé — et un passé tragique !

« C'est un noble sacrifice, continua-t-elle ; « mais que dit le Coran ? «Quelles que soient les bonnes œuvres que vous envoyez pour votre compte, vous les trouverez auprès de Dieu.» Je suis assez vieille pour être ta mère. Je m'étonne que si j'avais eu un fils, se serait-il ainsi sacrifié pour moi – si j'étais de votre peuple, une femme Feringhee, je m'étonne ? répéta-t-elle méditativement, tout en levant la main pour abaisser son voile sur sa tête.

Ce faisant, le jeune homme sursauta en reconnaissant sa bague – la bague en cornaline d'Honor. À maintes reprises, il l'avait remarqué à son doigt, et son astuce particulière consistant à le retourner sans cesse en cas de dilemme mental avait fait l'objet de plus d'une plaisanterie familiale. Comment se fait-il qu'il soit entre les mains de cette femme mahométane ?

Elle interpréta instantanément son regard et s'exclama :

« Vous observez ma bague. En réalité, cela n'a que peu de valeur – en argent – mais pour moi, cela n'a pas de prix. Il m'a été donné par une jeune fille que je n'ai vue qu'une seule fois. Ses paroles étaient des perles, ses lèvres étaient des rubis, mais sa musique et ses yeux tiraient l'histoire de ma vie du plus profond de mon âme.

"Je suis sûr de connaître la dame!" » s'écria impétueusement son auditrice, « jeune, et grande, et belle. Elle joue de ce qu'on appelle du sitar. Où l'as-tu rencontrée?"

« Ah, sahib, c'est *mon* secret », répondit-elle après une pause expressive ; « mais voilà ! Je peux révéler la tienne," et elle le regarda fixement en ajoutant, " *tu l'aimes* . "

"Que veux-tu dire?" balbutia-t-il. "Pourquoi ne le dites?" et il a coloré jusqu'aux racines de ses cheveux bruns impeccables.

« En vérité, je l'ai lu sur ton visage. Ce n'est pas pour rien que les gens m'appellent un wallah magique . Et elle se leva avec raideur pour partir. «

Vous l'avez abandonnée, je vois, » continua-t-elle avec un éclair de ses yeux merveilleux, « et voilà, la grosse vieille mem sahib, sa mère, la mariera à quelqu'un d' autre ! Voici votre récompense, pour avoir accompli votre devoir ! » Et oubliant complètement sa précédente citation du Coran, avec cette remarque désagréable et cynique, la Perse lui fit un profond salut et s'éloigna en boitillant.

CHAPITRE XLI.
"C'ÉTAIT UNE HYÈNE."

Les pluies étaient terminées à la mi-août, et Shirani se débarrassait de ses imperméables et de ses parapluies abandonnés, et la société – agitée et fluctuante – cherchait autour d'elle une forme nouvelle et nouvelle de divertissement en plein air.

Parmi les arrivants en deuxième permission, le plus actif et le plus entreprenant des nouveaux venus, se trouvait le capitaine Bevis, la force motrice dans n'importe quelle station où il était cantonné ; l'homme idéal pour organiser des danses, des courses et des pique-niques. Il était résolu à tracer une ligne tout à fait originale en cette occasion et a inauguré une grande expédition commune dans l'intérieur – pas de vos « fêtes de famille » exclusives, ni un petit « groupe » d'une demi-douzaine de couples. Non, cet individu optimiste avait en fait proposé de déplacer Shirani *en masse* . Il avait entendu parler du cantonnement abandonné, de Hawal Bagh, il galopait pour l'inspecter avec sa promptitude habituelle et revenait à la gare sur les ailes de l'enthousiasme. « C'était un endroit parfait », tel fut son verdict ; des paysages exquis, une bonne route, une bonne eau, beaucoup de bungalows, un mess pour danser, un terrain de parade pour les gymkanas . Tout le monde doit voir les lieux, chacun doit profiter d'une courte sortie informelle, le divertissement s'appellera la « semaine Hawal Bagh ». Le capitaine Bevis s'est jeté corps et âme dans le projet ; il a invité une autre station de montagne à se joindre à nous ; il envoya des circulaires, il collecta les inscriptions aux gymkanas et aux matchs de polo, ainsi que les noms des patronnes du grand bal de Hawal Bagh. Hawal Bagh, morte et oubliée depuis longtemps, devait se réveiller et revivre !

Les abonnements affluèrent, les groupes partirent en exploration, les maisons vides furent attribuées, une vaste armée de coolies fut enrôlée, la jungle fut rasée, les bungalows nettoyés, les jardins mêmes furent remis en ordre. Une quantité de fournitures et des charrettes de meubles furent bientôt *en route* , et les serviteurs de Shirani se joignirent au projet avec le zèle du véritable domestique d'origine indienne, qui salue le changement, un « tamasha », tout ce qui a la forme d'un un « festin », avec une joie et une énergie totalement inconnues des serviteurs de ces latitudes plus froides.

L'hospitalière Mme Brande devait avoir une maison et une fête à la maison. "P." était absent pour affaires officielles ; mais, quelles que soient les circonstances, il n'aurait pas été une recrue probable pour ce qu'il appelait une « nouvelle épidémie de fièvre de la jungle ». Les Dashwood , les Boole , les Daubeny , les Clovers allaient connaître le désordre des gens mariés. Il y avait aussi un ou deux chummeries, ce qui faisait sourire les gens ! Les célibataires, bien sûr, avaient leur propre désordre ; en plus, il y avait des tentes.

Mme Langrishe ne rejoignait ni mess ni chimmery, cette femme intelligente venait simplement en tant qu'invitée des Clovers pour deux jours, et Lalla était la seule personne à charge de Mme Dashwood. Mme Sladen , bien sûr, est restée avec Mme Brande, qui avait été reléguée dans la maison de l'ancien commandant, un bungalow spacieux et d'apparence importante, situé dans un grand jardin et un verger de pêchers. Une ou deux fois au cours des vingt dernières années, ce bungalow, ainsi qu'un ou deux autres bungalows, avaient été loués (au grand dam du Persan) pendant quelques mois par saison à des familles nécessiteuses des plaines, qui n'avaient besoin que d'air, du bon air des collines. et je ne pouvais pas me permettre autre chose !

Mme Brande et son groupe sont arrivés une journée entière avant le grand public, voyageant confortablement par étapes faciles à travers de grandes forêts de pins, de chênes ou de rhododendrons, le long de falaises audacieuses et nues, à travers des lits de rivières peu profonds et à travers plus de une superbe clairière aux allures de parc, parsemée d'arbres et de bétail - naturellement, Mme Brande gardait un œil méfiant sur ces derniers. Une fois arrivés à destination, les voyageurs constatèrent que les routes avaient été réparées, les lampadaires et les lampes à huile érigés, le vieux kiosque à musique rénové, les domestiques allaient et venaient en toute hâte , portant des meubles, secouant les tapis, aérant la literie et faisant piqueter les poneys. Il y avait des coolies, des syces, des soldats et des sahibs actifs qui galopaient pour donner des directions. En fait, Hawal Bagh avait fait reculer l'horloge et, à un simple coup d'œil, on retrouvait à nouveau le cantonnement animé et peuplé d'il y a quarante ans !

Et comment la petite société qui vivait dans ces régions a-t-elle apprécié la résurrection de Hawal Bagh ? Pour les pauvres villageois des collines voisines, cet événement était vraiment une aubaine ; ils récoltèrent une récolte splendide et totalement inattendue, et furent ravis d'accueillir les envahisseurs, qui achetèrent leur volaille, leurs œufs, leurs céréales, leur lait et leur miel.

Mark Jervis a assisté à la transformation avec des sentiments mêlés. Il avait rompu avec son ancienne vie ; la plupart des gens, s'ils pensaient à lui, le croyaient en Angleterre : deux mois, c'est long pour vivre dans le souvenir d'une station de montagne. Honneur – elle serait à Hawal Bagh – elle ne l'avait pas encore oublié. Il traînait dans les collines pour pouvoir l'apercevoir au loin, ou même sa robe. Il pourrait sûrement s'offrir cette petite consolation.

Quant à la Perse, elle observait les troupes d'étrangers gais depuis son étrangeté avec un mélange de transports et d'angoisse.

C'était une belle nuit de clair de lune au début de septembre, les collines paraissaient sombres et projetaient de profondes ombres sur la vallée d'un blanc éclatant. L'air était d'une douceur langoureuse, la Voie lactée brillait de manière visible et justifiait pleinement son nom oriental, « La Porte du Ciel ».

Il devait y avoir un bal dans le vieux réfectoire, et Mark se plaça sur la colline et observa les grands feux de cuisine, les bungalows illuminés, les silhouettes pressées ; j'écoutais le bourdonnement des voix, les hennissements des poneys, l'accordage des instruments de musique. Serait-ce vraiment le cantonnement condamné et abandonné de Hawal Bagh, qu'il avait vu maintes nuits enveloppé dans un silence de mort ? La danse commença vivement, les portes ouvertes montraient des décorations gaies, l'orchestre jouait un jeu de lanciers animés, et une centaine de personnages joyeux semblaient virevolter, passer et repasser ; tandis que les chacals et les hyènes, qui avaient l'habitude de tenir leurs assemblées dans le même quartier, s'enfuyaient furtivement vers les collines avec un dégoût horrifié. Bientôt, les gens sortirent au clair de lune et commencèrent à se promener de long en large. Mark a reconnu de nombreuses personnalités bien connues. Il y avait Honor, en blanc, qui marchait avec un petit homme qui conversait et gesticulait avec une vivacité considérable. Elle semblait préoccupée et tenait la tête haute, regardant droit devant elle. Les spectateurs voient la majeure partie du match. L'homme devait être un idiot pour ne pas remarquer qu'elle n'écoutait pas un mot de ce qu'il disait.

Il y avait Miss Paske, escortée par un lourd compagnon à l'allure roulante – Sir Gloster, bien sûr – et Miss Lalla le divertissait sans aucun doute. C'était presque comme s'il pouvait entendre son « excellent » emphatique là où il se tenait. Mme Merryfeather et le capitaine Dorrington, le capitaine Merryfeather et Miss Fleet, et ainsi de suite – et ainsi de suite – tandis que deux paires se présentaient.

Soudain, il se rendit compte qu'il n'était pas le seul spectateur. Juste en dessous de lui se tenait une silhouette si immobile qu'il l'avait prise pour un morceau d'arbre. La silhouette bougea et il vit la dame persane debout, regardant avec des yeux fixes et voraces la scène au-dessous d'eux. Il fit un léger mouvement, et elle se tourna précipitamment et s'approcha de lui. Ils étaient désormais des connaissances de grande envergure et se réunissaient une ou deux fois par semaine, soit parmi les lépreux, soit autour du cantonnement. Mark n'avait jamais osé rendre visite au mystérieux petit bungalow, mais il lui envoya des offrandes de fleurs, de fruits et de perdrix des collines, et elle l'admit en retour à son amitié – dans une mesure tout à fait sans précédent. Si cela était dû au beau visage du jeune homme et au respect chevaleresque de son intimité et de son sexe, ou si cela était accordé pour le bien d'autrui, qui le dira ?

« Vous regardez, comme moi », remarqua-t-il alors qu'elle l'abordait. "Es tu intéressé?"

« Bien plus, pour celui qui se noie, le monde est noyé », dit le proverbe. Je suis venu à Hawal Bagh pour me retirer de la foule, et voilà ! une foule est à mes portes !

« Cela doit sûrement être un spectacle tout à fait nouveau pour vous ? »

Elle le regarda d'un air interrogateur et ne répondit rien.

" Bien sûr, vous n'avez jamais vu ce genre de choses auparavant, des Anglais en tenue de soirée, dansant sur un orchestre ?"

"J'ai connu des fantômes - oui, j'en ai vu comme ceux-là", pointant du doigt, "dans un rêve il y a des milliers d'années."

Son compagnon ne répondait pas, le Persan prononçait souvent des paroles sombres qui dépassaient totalement son entendement. Peut-être croyait-elle à la transmigration des âmes et faisait-elle allusion à une existence antérieure.

« Les miens ne sont que des esprits, alors que pour vous, ces gens sont de la chair et du sang », reprit-elle. « Vous étiez l'un d'eux il y a trois mois. Réfléchissez bien avant de rompre avec votre passé et de tuer et d'enterrer des jeunes. Eh bien, tu vieillis *déjà* ! Permettez-moi de plaider pour la jeunesse et l'amour. Le ciel m'est ouvert aujourd'hui. Elle, » baissant la voix jusqu'à chuchoter, « est parmi ceux-là… je l'ai vue… elle est là-bas.

«Je sais», répondit-il, également à voix basse.

« Alors pourquoi ne la cherchez-vous pas, si jeune, si belle, si bonne ? Oh! as-tu oublié son doux sourire, ses yeux charmants ? L'amour, le véritable amour, ne vient qu'une fois ! Allez maintenant et trouvez la.

Mark secoua la tête avec une négation catégorique.

« Quel cœur de pierre ! elle a pleuré passionnément. « En vérité, j'irai moi-même la chercher ici. Je… Mais non, je n'ose pas, » et elle se couvrit le visage de ses mains.

« N'ajoutez pas votre voix à mes propres inclinations folles. Tout est fini entre nous. La rencontrer et se séparer à nouveau lui causerait une douleur inutile.

« Ah ! encore la musique », murmura la Perse, alors que l'orchestre entonnait soudain une étrange valse envoûtante, dont sa compagne se souvenait bien : ils l'avaient jouée au bal des célibataires. « La musique, continua-t-elle en serrant les deux mains, quelle qu'elle soit, me fait du mal. Cela arrache mon cœur de mon corps même, et pourtant je l'aime, oui, même si cela me transporte vers… » Elle fit une pause, incapable de terminer la phrase. Ses lèvres tremblèrent, ses grands yeux noirs se dilatèrent et elle fondit soudain en larmes. Le son de ses sanglots sauvages, bruyants et désespérés, flottait en fait et pénétrait jusqu'aux oreilles d'un joyeux couple qui se promenait en liberté, et qui se tenait maintenant juste en dessous, sans se douter qu'un autre couple sur le flanc de la colline contemplait tristement une scène d'autrefois. des délices familiers mais désormais perdus, comme deux pauvres esprits errants.

"Sûrement", a déclaré Mme Merryfeather , "j'ai entendu une voix humaine, juste là-haut au-dessus de nous. Cela ressemblait à une femme qui pleurait, pleurait comme si son cœur était brisé.

"Oh, impossible!" se moqua l'homme. « De nos jours, les cœurs sont garantis incassables, comme le verre trempé. »

"Écouter! Le revoilà ! » interrompit la dame avec enthousiasme.

« Pas du tout, ma chère Mme Merry ; et votre sexe ne serait pas flatté s'il apprenait que vous avez pris le cri d'une *bête sauvage* pour une voix de femme ! Je vous assure, sur ma parole d' honneur , que ce n'est qu'une hyène.

CHAPITRE XLII.
PAR L'ANCIENNE GAMME DE FUSIL.

Une tentation puissante et déterminée, sourde à la raison et à l'argumentation, s'efforçait d'entraîner Mark Jervis à Hawal Bagh. Il a changé ses luttes acharnées et ses plaidoiries passionnées et même frénétiques en doux murmures séduisants. Il murmurait que la vie n'était qu'une heure dans les éons du temps – une goutte dans l'océan de l'éternité. Pourquoi ne pas goûter la goutte et profiter de l'heure ? Arrachez le soleil et vivez votre petite journée, avant de passer à jamais dans les ténèbres et l'oubli éternels ! Il citait même les Écritures et l'exhortait avec véhémence à ne pas se soucier du lendemain, car le mal suffirait pour le jour. Il saisit le pinceau des mains de la mémoire et peignit Honor Gordon sous les traits d'un ange. Il parlait d'une visite à Mme Brande – *elle* avait toujours été son amie. Il n'y avait sûrement aucun mal à aller la *voir* ! Mais le jeune homme fit taire sévèrement les chuchotements et les supplications. Il a mis à genoux le tentateur fou, l'a étouffé et, comme il le croyait, l'a mis à mort. Pourquoi subir l'angoisse de se séparer deux fois, pourquoi marcher une seconde fois sur des socs chauffés au rouge ?

Pendant quatre jours entiers, il resta à l'écart et ne visita jamais le cantonnement, sauf dans ses pensées et ses rêves. Le cinquième, il partit consciencieusement dans la direction opposée et, après une longue et sans but, fut étonné de se retrouver, non pas exactement sur le terrain enchanté, mais près du vieux champ de tir qui se trouvait au fond de son champ de tir. englobant des collines. À gauche plongeait une longue vallée, à droite du chemin s'élevait une forêt de rhododendrons et de chênes verts, tapissée de fougères et d'un éclat de délicates fleurs d'automne ; çà et là, la vigne vierge s'épanouissait, et çà et là une pâle passiflore avait jeté ses vrilles avides et attaché deux nobles arbres. Tout à coup, un gros chiot blanc arriva en trombe dans les sous-bois ; il poursuivait une famille de vieux singes respectables, avec l'audace commune à son âge et à sa race. En réalité, le chiot est le père du chien ; et Jervis, qui marchait lentement avec son poney qui le suivait, reconnut immédiatement ce chiot en particulier comme un vieil ami. Il l'avait acheté et présenté à Mme Brande, alors que son chagrin était encore trop frais – et ce même animal joyeux et aisé avait été autrefois rejeté avec indignation ! À qui appartenait-il désormais ? Qui était son maître ou sa maîtresse ? Il y eut un bruit de pas légers de jeunes, un fracas de petites brindilles, un aperçu d'une robe blanche et une voix de jeune fille anxieuse appelant : « Tommy, Tommy, Tommy !

Une seconde plus tard, Honor Gordon dévala le chemin, à une trentaine de mètres devant le donateur de Tommy. Elle était presque essoufflée, son chapeau était à la main – peut-être avait-il été arraché par une branche curieuse alors qu'elle se débattait pour poursuivre le fuyard. Les petites mèches douces sur son front étaient ébouriffées et elle avait une couleur inhabituellement brillante .

Alors que les yeux affamés de Mark dévoraient son visage, il pensa qu'il ne l'avait jamais vue aussi belle. Il a rassemblé toute sa maîtrise de soi – il ne doit pas y avoir de retour aux « jours anciens », pas de gémissements sur « ce qui aurait pu être ». Non; il était le plus fort et devait donner le sévère exemple.

Pendant vingt secondes, il y eut un silence de mort, un silence seulement interrompu par le ruissellement d'un ruisseau de montagne né de la neige, passant longuement à travers les fougères et les orchidées – qui semblaient se pencher et se pencher – écoutant attentivement son timide chant argenté.

« Comme il était changé ! » pensa Honor, avec une étrange sensation de serrement dans la gorge, "seulement trois petits mois, et l'air brillant d'une jeunesse pleine d'entrain avait disparu de son visage."

"Ah!" s'écria-t-elle avec un suprême effort. « Je pressentais que je te verrais bientôt, j'en ai rêvé !

« Les rêves vont parfois par des contraires », répondit-il avec un sourire un peu fixe.

« Et comme Tommy a été intelligent de te trouver ! Le cher chien s'est souvenu de toi.

« Eh bien, jusqu'à présent, il n'a montré aucun symptôme de reconnaissance ; au contraire, il m'a coupé à mort. Il est à la poursuite de vénérables lumgoors . Depuis combien de temps ne m'a-t-il pas vu ? demanda Marc.

« Le jour du bal des célibataires. Je me souviens que vous lui avez donné une *méringue* et que vous l'avez presque tué ! C'était le huit juin. Nous sommes le dix septembre ; seulement trois mois et deux jours.

"Il en est ainsi", acquiesça-t-il avec *une nonchalance forcée* .

« Est-ce que vous habitez près d'ici ? » elle a continué.

"Environ quatre miles, par un chemin de chèvres à travers cette colline."

« S'il vous plaît, sachez-vous que nous pique-niquons en bas, avec la moitié de Shirani ?

"Oui je sais; mais pas un autre pique-nique de famine, j'espère ?

— Et pourtant, ignorant sa plaisanterie intempestive, vous n'êtes jamais venu nous voir, et nous partons demain !

Il baissa les yeux pour éviter ses yeux interrogateurs et ne répondit rien, à part un léger soupir à moitié étranglé.

"Au moins, nous sommes toujours amis", insista-t-elle en avalant quelque chose dans sa gorge.

"Oui toujours; mais j'ai pensé que je ferais mieux de rester à l'écart. Les Shirani me prendraient pour un fantôme et je pourrais les énerver. Quelles sont les dernières nouvelles de la station ?

« Nos dernières nouvelles sont que Mme Sladen doit rentrer chez elle à Noël. Miss Clover est fiancée au capitaine Burne et Miss Paske à Sir Gloster Sandilands, répondit-elle avec raideur.

« Pauvre Toby ! Je suppose que mes anciennes connaissances croient que je suis en Angleterre – si jamais elles pensent à moi ?

Elle hésita, tourna sa bague en rond, puis dit :

« Vos amis », en insistant, « savent que vous êtes dans ce pays et que vous vous occupez de votre père. Comment est-il?"

"Merveilleusement mieux, merci."

« Et toi... tu as été malade ? remarqua-t-elle plutôt tremblante.

"Non en effet; Je n'ai jamais été meilleur de ma vie. Bien sûr que vous avez vu Waring avant sa chute ?

"Non", avec un embarras indéniable. « En fait, il a copié votre exemple et a renoncé à tous les adieux. Il... il... est parti assez brusquement, » et elle rougit
.

"Pourquoi hésites-tu ?" la regardant attentivement. "Qu'est ce qu'il a *fait* ? Il a fait quelque chose, je peux le voir.

"C'était plutôt ce qu'il n'avait *pas* fait", avec un rire contraint. « Bien sûr, cela ne me regarde pas. Il n'a payé aucune de ses factures. Je ne sais pas si je devrais vous le dire.

"Et je suis sûr que vous devriez le faire", répondit-il avec décision.

"Mais il a laissé derrière lui une telle quantité de dettes, et aucune... adresse..."

"Dettes?" répéta-t-il avec incrédulité.

« Oui, il n'a rien payé. Comptes de club, comptes de carte, factures de mess, salaires de domestiques – pas même sa facture au porteur pour le fil, les boutons et le noircissement. Les gens, » avec un petit rire nerveux, « semblent penser que c'était la plus grande énormité de toutes ! »

"Non!" s'écria Mark, son visage pâle virant au rouge vif, "Je vais vous parler d'un plus grand. Je savais qu'il avait dépensé et brouillé la plupart de nos fonds communs, et le jour de mon dernier séjour à Shirani, j'ai rassemblé les factures et lui ai donné tout l'argent que j'avais au monde – un chèque de cinq cents livres – pour régler nos affaires. . Il a juré, sur son honneur , de les payer immédiatement et de m'envoyer les reçus. Maintenant, bien sûr, tout le monde à Shirani me considère comme un aussi grand escroc et voleur que lui ! Ils doivent naturellement supposer que je… je… me suis enfui de mes créanciers ! Je comprends maintenant, avec une chaleur croissante, pourquoi vous avez bégayé et hésité lorsque je vous ai demandé si je n'étais pas oublié. Oublié! Je vivrai dans la mémoire des gens pendant des années – sur le principe que « le mal que font les hommes vit après eux ».

«Je suis désolée de vous l'avoir dit…» commença-t-elle avec empressement.

« Et c'est moi qui suis le principal responsable. J'ai été idiot de faire confiance à Waring. J'avais eu une leçon; mais… j'étais à moitié fou de mes propres ennuis et j'étais déterminé à m'arracher immédiatement à Shirani. Je sentais que si je restais , je pourrais céder à la tentation – les bonnes résolutions et les nouvelles impressions pourraient s'estomper – et je ne reviendrais peut-être jamais ici… »

Le chiot, bafoué et évité par les lumgoors méprisants , et épuisé par ses énormes efforts, s'accroupit désormais sur le chemin, écoutant apparemment bouche bée chaque mot.

Le poney gris s'était également approché et frottait de temps en temps sa belle tête contre l'épaule de son maître, comme pour dire : « Assez de ces bêtises ; passons à autre chose !

"C'est horrible!" continua Marc. "Je déteste devoir un sou et je n'ai aucun moyen de payer nos dettes communes, car Waring a englouti le chèque."

« Et ton oncle ?

« Il n'a jamais écrit une seule fois. De son point de vue, je l'ai traité atrocement, et je suis terriblement désolé qu'il le pense, car je l'aime beaucoup. Bien sûr, il en a fini avec moi. Et, avec un sourire sinistre : « Je suis maintenant dans une vérité sobre : un *véritable* parent pauvre. Je suis un joli type, continua-t-il, je n'ai parlé que de moi, et d'argent, d'argent, d'argent, depuis cinq minutes. Parlez-moi de *vous* . Est-ce que vous passez un bon moment ?

" *Un bon moment!* » répéta-t-elle, avec un éclair de ses yeux gris foncé.

«Je vous demande pardon, Honor», dit-il humblement. "Mais cela a été une de mes rares consolations, lorsque je parcoure ces collines, de penser que vous étiez plus heureux que moi."

t'avais oublié ? ajouta-t-elle expressivement.

"Et," avec un léger tremblement dans la voix , " *m'avait* oublié ."

"Jamais!" elle revint, avec une énergie passionnée.

« Oui, vous le ferez avec le temps ; peut-être pas avant deux ou trois ans, car vous n'êtes pas comme les autres filles. Je suis ton premier amant, rien ne peut me priver de ce souvenir.

"Non, rien", a-t-elle admis, presque à voix basse.

"Mais, vous savez, on dit qu'une femme épouse généralement son *deuxième* amour", avec un effort laborieux pour parler d'un ton ferme.

« Avec quelle tranquillité vous pouvez discuter de mes amants et de mon avenir ! » s'écria Honor avec indignation. « Oh, comme tu es devenu dur, comme tu es froid, comme tu es cruel !

"Cruel - si je suis cruel - seulement pour être gentil", répondit-il d'un ton ferme. « Dans les années à venir, vous me remercierez… et vous penserez…
»

« Je pense, » l'interrompit-elle avec un petit geste pitoyable, « que lorsque nous nous rencontrons si… rarement… presque jamais… que vous pourriez être… » ici, sa voix lui manqua totalement.

Elle était devenue beaucoup plus pâle et sa respiration s'accélérait, alors qu'elle essayait de retenir un sanglot.

Mark a résisté à une impulsion folle de la prendre dans ses bras et, se baissant, il a plutôt ramassé le chiot.

« Votre oncle a reçu ma lettre ? » » demanda-t-il d'un ton formel et froid.

« Oui, et j'étais terriblement inquiet ; mais il a dit que vous étiez un homme d' honneur et que vos opinions et les siennes étaient identiques — mais — je ne suis pas d'accord avec elles.

« Vous n'êtes pas d'accord avec eux ! Que veux-tu dire?"

« Il l'a dit à ma tante, bien sûr — et bien sûr, j'ai insisté pour qu'elle *me le dise* . Après tout, c'était mon affaire. Je connais l'obstacle : je suis quand même prête à être ta femme. Quant à la pauvreté… »

« La pauvreté, l'interrompit-il rapidement, n'est pas la question ! J'ai un peu d'argent à moi, et je pourrais mettre mon épaule au volant et travailler pour vous, Honor. Ce n'est pas cela, c'est que mon avenir est éclipsé, ma raison traquée, par un ennemi héréditaire et implacable. Je n'ai pas le droit d'en entraîner un autre dans la fosse – et, s'il vous plaît à Dieu, je ne le ferai jamais ! Quand je menais une vie douce et luxueuse, à cette époque qui me semblait il y a des années, j'avais soif d'une tâche difficile , de quelque chose à faire qui me distinguerait et me distinguerait des autres hommes. Ma tâche m'a été assignée ; ce n'est pas ce que je désirais… »

"Non!" interrompit Honor, dont le cœur luttait contre son sort avec une frénésie de désespoir. « Votre tâche est de renoncer à tout – au monde, aux amis, à la richesse et à *moi* – et de vous enterrer dans ces collines isolées, avec un vieux monsieur fou qui ne peut pas réaliser le sacrifice. Ne le faites pas!" avec un geste impatient de la main : « Je sais que *je* parle comme si *j'étais* fou et à ma manière idiote d'antan. Je sais dans mon cœur que tu fais ce qui est bien, que tu ne pourrais pas faire autrement, et je suis fier de toi.

Puis, alors qu'elle regardait son visage hagard, altéré et ses yeux misérables, et apercevait le vrai Mark sous son armure de stoïcisme … « Mais, oh, c'est dur… c'est dur… » ajouta-t-elle en couvrant son visage. son visage avec ses mains et pleurait.

"Honneur! pour l'amour de Dieu, ne-ne-ne-je vous en supplie ! Je ne peux pas supporter ça. Je reverrais tout ce avec quoi j'ai lutté pour t'épargner une larme. Les circonstances – le destin – ou peu importe comment ils l'appellent – sont trop fortes pour nous. Tu ne dois pas me laisser gâcher ta vie. Tu sais que je t'aimerai, toi seulement aussi longtemps que je respire.

"Je sais que!" levant ses yeux mouillés vers les siens. « Et tu *oses* me parler de bon temps, d'épouser mon deuxième amour ! Oh, Marc, Marc ! Comment peux-tu?"

«J'ai été une brute pour le dire. Je pensais que ça te faciliterait la tâche… quand… » et sa voix se brisait … « parfois… quand… tu penses à moi… »

« Ce qui se produira tous les jours – et souvent. Et maintenant, je dois y aller. J'étais déjà assez en retard quand Tommy s'est enfui. J'avais peur qu'il connaisse le sort du pauvre Ben. Veux-tu m'accompagner jusqu'au sommet de la colline, là où nos chemins se séparent ?

"Oui, pour toujours !" » ajouta-t-il pour lui-même.

Tandis qu'ils se retournaient, elle lui posa de nombreuses questions concernant sa vie, ses fréquentations et ses occupations. Lui, de son côté, a tiré le meilleur parti de tout, peignant le Bungalow Jaune, les jardins, les jardinières et les missionnaires avec des couleurs magnifiques .

"Et n'y a-t-il pas de femmes blanches près de chez vous ?" elle a demandé. « N'avez-vous jamais rencontré une seule dame à qui parler depuis que vous avez quitté Shirani ?

« Oui, j'ai une connaissance et une qui est un de vos amis. Elle est persane, je crois. Votre petite bague en cornaline a été un lien fort entre nous. C'est une personne des plus mystérieuses. Personne ne peut dire qui elle est ni d'où elle vient. Tout ce que nous savons, c'est qu'elle passe son temps présent à faire le bien, à soigner les malades et les mourants. Elle m'a dit que vous connaissiez l'histoire de sa vie, vous seul...

«C'est vrai», baissant la tête tout en parlant et fixant les yeux au sol.

« Elle recule devant toute observation, mais elle ne se cache pas de *moi* – pour votre bien ; nous parlons de vous constamment, je dirais toujours.

« Alors donne-lui un message de ma part, s'il te plaît. Dis-lui que je pense souvent à elle et demande-lui si je peux lui écrire ou si elle m'écrira ?

« Vous oubliez qu'elle est Persane. Comment peut-elle vous écrire ?

Honor rougit douloureusement et tourna sa bague en rond avant de parler, puis elle dit :

« S'il vous plaît, transmettez-lui quand même le message. Je... je... parviens à faire lire sa lettre. *Je* le comprendrai.

Ils étaient maintenant au point où leurs routes divergeaient : la sienne longeait la colline, la sienne descendait dans la vallée. Elle s'arrêta un instant et caressa le cou lisse et dur du poney gris ; puis elle se tourna et tendit ses deux mains au maître du poney. Ils se regardèrent, avec des visages blancs et tristes, lisant dans les yeux l'un de l'autre la tragédie de leur vie. Puis elle arracha soudain ses doigts de son fermoir et dévala la colline en courant avec Tommy à sa poursuite. Jervis resta là où elle l'avait laissé, jusqu'à ce que le tout dernier écho de ses pas disparaisse.

"Et c'est un son que je n'entendrai plus *jamais* ", gémit-il à haute voix, et se jetant sur la racine d'un arbre, il se couvrit le visage de ses mains. Combien de temps il resta dans cette attitude, le poney gris seul le savait ! Peu à peu, fatigué d'attendre — car il était soit trop bien nourri, soit trop sympathique pour brouter — il vint frotter son doux museau noir contre les courtes mèches brunes de l'homme (sa casquette gisait par terre). C'était sa pauvre petite tentative de consolation, et elle réveilla efficacement son propriétaire, même si cela ne le réconforta pas, car que pouvait savoir un animal muet des grandes détresses du cœur humain ?

Honor était en retard pour Tiffin, en fait, c'était l'heure du thé de l'après-midi lorsqu'elle arriva. Elle découvrit le bungalow dans un état d'agitation inhabituel. Il y avait une excitation visible sur les visages des serviteurs, un air d'une importance particulière (si cela était possible) dans la démarche pieds nus du porteur – il semblait maintenant marcher presque entièrement sur ses talons.

Mme Brande était assise devant une table à écrire, commençant et déchirant des dizaines de notes ; sa casquette était de travers, ses cheveux blonds étaient ébouriffés et son visage était profondément rouge. Qu'est-ce qui aurait pu se passer ?

"Oh, Honor, mon enfant, je pensais que tu ne reviendrais jamais, je te désirais", se précipitant vers elle. « Mais comme tu es blanche, ma chérie ; tu as marché trop loin. Es-tu malade?"

«Non, non, ma tante. Qu'est-ce que c'est? Il y a quelque chose dans l'air. Que s'est-il passé?"

Pour seule réponse, Mme Brande a jeté son poids inattendu sur la frêle épaule de sa nièce et a fondu en larmes hystériques.

" Pensez-y, ma chère fille ! " - sanglots convulsifs - " un coolie vient d'arriver - et apporte une lettre de P. - Ils en ont fait un KCB " - sanglots bruyants - " et votre pauvre vieille tante - est... *une dame à dernier* !"

CHAPITRE XLIII.
« Tirage au sort ! »

"Le major et Mme Granby Langrishe demandent l' honneur de la compagnie de M. et Mme Blanks à l'église St. John's à deux heures de l'après-midi du 20 janvier, d'être présents au mariage de leur nièce et de Sir Gloster Sandilands. .»

Ces cartes d'invitation, richement gravées en argent, étaient visibles dans presque toutes les demeures de Shirani. La robe de mariée venait de Madame Phelps, à Calcutta. Le gâteau et le champagne étaient effectivement dans la maison. Il ne devait pas y avoir de demoiselles d'honneur, seulement deux petits pages – « elles coûtaient moins cher », se disait Mme Langrishe ; "un groupe de filles attendrait des bijoux et des bouquets." Heureuse Mme Langrishe , qui avait été submergée de lettres et de télégrammes de félicitations. Elle s'était en effet révélée être *la* femme intelligente de la famille. C'était son triomphe, plus que celui de Lalla, et elle rayonnait de fierté et de satisfaction. Oui, ses félicitations étaient ferventes. Elle comptait les jours jusqu'à ce que son atroce petit incube descende le ghaut sous le nom de Lady Sandilands. Un petit incube, solidement attaché aux épaules d'autrui... pour la vie !

Lalla était entièrement occupée de lettres, de trousseaux et de préparatifs. Elle devait jouer le rôle principal dans un grand burlesque écrit spécialement pour elle par Toby Joy. Le burlesque était présent depuis deux mois et devait clôturer la saison Shirani de manière appropriée et appropriée. La pièce s'appelait « Sinbad le marin ». Lalla avait répété ses chansons et ses danses avec le plus grand zèle, jusqu'à ce qu'on lui demande de jouer un autre rôle : celui de *la fiancée de Sir Gloster* .

Sir Gloster n'aimait pas les burlesques ; il n'avait jamais vu Miss Paske dans son véritable élément, il ne l'avait jamais vue danser. Il ne convenait pas à son futur poste qu'elle apparaisse sur les forums. Non non; il lui a assuré qu'il était un peu démodé, que sa mère n'aimerait pas ça. Elle doit lui promettre d'abandonner cette idée et de ne plus jamais se produire en public. Mais Lalla était têtue ; elle ne céderait pas complètement. Poussée par Toby Joy et par la troupe de théâtre – qui sentaient qu'ils ne pourraient pas s'en sortir sans leur propre étoile brillante –, elle résista d'une manière des plus déraisonnables et des plus étonnantes. Elle finit par se soumettre jusqu'à déclarer qu'« elle porterait des pantalons turcs, s'il le voulait ! » C'est ce qu'elle annonça à contrecœur, comme pour faire une énorme concession.

"Il ne souhaitait certainement *pas* qu'elle porte des pantalons turcs!" il revint, très scandalisé. « *Comment* a-t-elle pu faire une suggestion aussi terrible ? Il était lourd et inerte, mais il pouvait opposer une résistance morte et de plomb à tout projet qui ne lui plaisait pas. C'est ce qu'il *appelait* « la détermination virile » ; mais Lalla avait un autre nom pour cela : « obstination têtue ! Cependant elle cajolait, promettait, flattait, pleurait et travaillait avec tant de succès sur son amant entiché, qu'il lui permettait à contrecœur de prendre une très petite part, afin de ne pas voir son nom rayé des factures ; mais ce devait être positivement « sa dernière apparition », et elle pourrait l'annoncer sur les pancartes, si elle le voulait. Lui-même avait été convoqué à Allahabad pour des affaires urgentes — en fait, pour organiser des colonies — et il ne serait pas présent, craignait-il ; mais il ferait de son mieux pour revenir d'ici la fin de la semaine.

Le rôle de Miss Paske, le rôle de danse et de chant, fut confié à un interprète très inférieur, qui était le désespoir du régisseur et un bâton des plus désespérés. Freddy Joy, qui était terriblement déprimé face à l'échec certain du burlesque et, pour d'autres raisons, est venu voir Lalla la veille au soir avant la pièce.

« Elle a la grippe… alors tout est *fini* », faisant semblant de s'arracher les cheveux, « et chaque logement dans la maison a été vendu pour deux nuits, et… une facture épouvantable pour les robes et les propriétés. Que vais-je devenir ? Tu ne peux pas le prendre ? C'était votre propre rôle — vous le faites à merveille — aucun professionnel ne pourrait vous battre. Viens, Lalla !

«J'ai promis de ne pas danser», répondit-elle avec un visage solennel.

« Assez de temps pour vous attacher à des promesses après votre mariage ! Lancez-vous *maintenant* — vous n'avez que dix jours — vous ne danserez plus jamais.

"Non, jamais," gémit-elle.

« Lui aussi est absent », insista ce méchant jeune homme ; il ne viendra que samedi ; il ne le saura que lorsque tout sera fini, et alors il sera fier comme un paon. Vous avez vos robes, vous aviez tout prêt jusqu'à ce qu'il vienne gâcher toute la « boîte à malice ». » Et Toby avait l'air d'indicibles. "Est-ce qu'il a dit quelque chose à ta tante?" Il a demandé.

« Non, pas un mot. Vous ne croyez pas que je *la laisse* se mêler de mes affaires ? C'était simplement entre lui et moi… »

"Eh bien, vous pouvez facilement l'apaiser. Et si vous ne prenez pas votre propre rôle original, je dois envoyer un péon cet après-midi pour dire que le burlesque a été reporté à cause de la maladie de la prima-donna. — « incapacité » est le mot approprié. Mais vous êtes une brique, et vous ne laisserez pas en arriver *là* ; vous ne nous laisserez jamais dans un trou.

Un petit diable dansant dans chaque œil lui assurait avec impatience qu'elle ne les laisserait pas tomber ! Oui, les supplications combinées de son propre groupe – leurs compliments et leurs flatteries – son propre désir affamé de ce que Toby appelait « une dernière aventure », portaient le message. *Il* ne reviendrait que samedi. L'article était pour mercredi, jeudi et vendredi, et elle pouvait (comme elle le croyait) facilement lui parler. Oui, elle a décidé qu'elle jouerait la péri ; » et elle informa sa tante, de son air le plus désinvolte, « qu'on l'avait décidée à jouer le rôle principal ; que Miss Lane était malade (et que de toute façon, cela aurait été un échec total) ; qu'elle ne pouvait pas être honteusement *égoïste* au point de décevoir tout le monde ; que les bénéfices étaient destinés à une œuvre caritative (une fois les factures payées, il n'y aurait plus beaucoup de marge) », et Mme Langrishe , dans une sublime ignorance de la promesse de Lalla, acquiesça comme d'habitude. Elle souscrivait désormais à toutes les suggestions de sa nièce avec une amabilité surprenante, s'assurant que les jours de sa délivrance d'« une fille sur mille » étaient proches !

Le burlesque de Sinbad a été magnifiquement mis en scène, joué avec brio et a été un succès complet. Les danses et les chants de Miss Paske étaient jugés dignes d'un théâtre de Londres, voire d'un music-hall. On en parlait partout où on se rencontrait, et tous les hommes se hâtaient, comme en corps, de réserver des places pour la prochaine représentation.

Les dames n'étaient pas tout à fait aussi enthousiastes ; en effet, certains d'entre eux se sont demandé comment Sir Gloster aurait aimé cela ?

Sir Gloster, sur les ailes de l'amour, était déjà à mi-chemin de son voyage de retour. Il avait réglé ses affaires avec une rapidité inattendue et déjeunait dans un certain bungalow sombre , entouré de nombreux colis et cartons. Ici, il fut rejoint par deux subalternes qui se précipitaient dans la direction opposée, c'est-à-dire de Shirani vers les plaines. Ils étaient pleins des divertissements de la dernière soirée et ne parlaient que de burlesque.

«C'était tout à fait A1», ont-ils assuré à leur compagnon de voyage . « Il ne pouvait pas être battu à Londres, non, pas même à l'Empire. Miss Paske était tout simplement géniale ! »

"Oui", répondit Sir Gloster avec complaisance, "je crois qu'il y a beaucoup de bon sentiment dans son jeu, mais elle n'a joué qu'un rôle mineur."

« Bénis ton cœur simple et innocent ! » s'écria l'autre, c'était elle le personnage principal ; elle était tout le spectacle; elle a rempli l'addition.

"Puis-je vous demander ce que vous voulez dire?" » demanda le baronnet avec une dignité blanche et solennelle.

« Elle était péri… tu ne *le savais pas* ? Elle danse tout aussi bien que Lottie Collins ou Sylvia Grey, n'est-ce pas, Capel ? faisant appel avec impatience à son camarade.

"Oui; et je serais allé la revoir ce soir, rien que pour cette horrible cour martiale. J'ai donné mon billet à Manders, car il ne pouvait pas obtenir de place. Elle dessine comme une cheminée en feu ; on ne se presse pas à la porte — même les rebords des fenêtres étaient précieux. Vous devriez continuer, Sir Gloster ; bien sûr *vous* aurez une place », avec un rire significatif. "C'est la dernière représentation et, ma parole, vous ne devriez pas la *manquer* ."

Sir Gloster resta muet. Était-il possible que sa petite Lalla, qui lui écrivait des notes si douces et si attachantes, ait délibérément rompu sa parole et l'ait défié ?

A la simple pensée d'un tel crime, son visage blanc et flasque se raidissait. Voir, c'était croire. Il suivrait les conseils de ce jeune homme fou et se dépêcherait. Il parviendrait peut-être à être à Shirani à huit heures du soir, juste à temps pour s'habiller et se rendre à la pièce.

Sa colère était brûlante en lui — et la colère d'une personne calme et léthargique, une fois réveillée, est une chose très mortelle. Ses robustes poneys des collines furent les premiers à subir le choc de son indignation ; et Sir Gloster, qui était naturellement un cavalier timide, jeta pour une fois la peur au vent et galopa aussi imprudemment que Toby Joy lui-même. Il arriva au club juste à temps pour avaler quelques bouchées, se changer et se rendre au théâtre. Il ne pouvait pas obtenir de siège, mais « il pourrait, s'il le voulait, se tenir près de la porte, le dos au mur », et pour ce beau privilège, il paya quatre roupies — l'argent le mieux disposé qu'il ait jamais investi. comme il l'a déclaré par la suite. Le rideau était déjà levé ; la scène ressemblait à merveille au pays des fées. Toby Joy venait de conclure une chanson d'actualité capitale, lorsqu'un gros œuf fut soigneusement roulé sur la scène. La coquille de l'œuf s'ouvrit sans l'aide d'une cuillère et fit éclore une créature des plus exquises, le péri, dont l'apparition fut le signal d'un tonnerre de battements de mains. La péri — oui — était Lalla, en jupons très courts et molletonnés, avec une étoile scintillante dans les cheveux — son propre cadeau, comme le nota Sir Gloster avec un spasme d'indignation supplémentaire.

Bientôt, elle commença à danser.

Maintenant, sachez que sa performance était parfaitement convenable et délicieusement gracieuse. Les pieds regardants de Lalla touchaient à peine terre, et elle dansait comme par pur bonheur et légèreté d'âme. (Toby Joy a dansé comme s'il avait *le diable au corps* .) Après avoir envoûté les spectateurs pendant dix minutes palpitantes avec plusieurs variations entièrement nouvelles, Lalla a terminé avec le tour du tee-to-tum, qui est pour le danseur ce que la note haute, à la fin d'une chanson, c'est au chanteur !

Le résultat de cet effort fut un ouragan d'applaudissements frénétiques, auquel Sir Gloster ne prit aucune part ; il n'était pas un amateur de théâtre, il était provincial. Sa mère et son entourage étaient strictement évangéliques ; et pendant que sa *fiancée* enchantait toute la gare, il se tenait contre le mur, pâle et menaçant. Le seul personnage présent à son esprit était *la fille d'Hérodiade* ! Franchement, la représentation l'avait rempli d'horreur. Que la future Lady Sandilands s'offre ainsi à la contemplation publique ; que quiconque choisirait de payer quatre roupies pourrait voir cette exposition inconvenante, y compris des soldats en uniforme, au bas prix de quatre annas !

En fait, il était hors de lui, furieux, et sortit de force, la tête baissée, comme un animal qui charge. Peu de gens l'ont remarqué ou ont remarqué sa sortie précipitée ; tout le monde avait des yeux pour Lalla, et Lalla seulement. Elle a reçu une ovation et une pluie de bouquets alors qu'elle était conduite devant le rideau par Toby Joy, lui faisant modestement la révérence et lui baisant la main. Miss Paske resta ensuite pour profiter d'un souper joyeux et *recherché* , chaperonnée par la précieuse Mme Dashwood ; et Mme Langrishe , comme ce n'était pas un événement inhabituel, rentra seule chez elle.

Au grand étonnement de cette dame, elle découvrit sir Gloster qui l'attendait dans le salon, et elle comprit à son aspect étrange et agité que quelque chose de terrible s'était produit.

«Je pensais vous écrire, Mme Langrishe », commença-t-il d'une voix curieusement formelle, «mais j'ai changé d'avis et je suis venu vous voir à la place. Tout est fini entre votre nièce et moi.

Mme Langrishe devint parfaitement livide et se laissa tomber sur la chaise la plus proche.

"Priez, expliquez!" elle finit par hésiter.

« Miss Paske vous *expliquera sans doute pourquoi elle m'a fait la promesse solennelle de renoncer à danser sur une scène publique.* C'est à contrecœur que je l'ai laissé apparaître pour la dernière fois dans un tout petit rôle, celui d'une vieille infirmière. Je reviens à l'improviste et la découvre sous la forme d'une danseuse de ballet, s'exhibant, enfin, je dois le dire, à moitié nue devant tout Shirani. Une telle personne n'est pas digne d'être ma femme. Elle a rompu sa parole. Elle a un goût dépravé ; elle n'a aucune pudeur.

Qu'Ida Langrishe puisse vivre assez longtemps pour entendre de telles épithètes appliquées à sa propre chair et à son propre sang !

Elle se couvrit le visage de ses mains et sanglota à haute voix. Qui avait déjà vu Mme Langrishe s'effondrer auparavant ? Personne.

« Oh, cher Sir Gloster », commença-t-elle hystériquement (elle aurait besoin de toutes ses fascinations maintenant), « Lalla est si jeune » (seulement vingt-six ans). « Elle se travaille facilement, elle est très demandée ; le burlesque aurait échoué — et c'est pour une *si* bonne charité — si elle n'avait pas, à la onzième heure, consenti à y participer.

"Je ne peux pas accepter vos excuses, ma chère madame" (agitant ses deux grosses mains, comme les clapets d'un phoque en colère). « Je ne pourrai plus jamais faire confiance à Miss Paske. Imaginez la future Lady Sandilands, montrant ses bras — et, excusez-moi, ses jambes — dans des pitreries disgracieuses pour le plaisir de quiconque choisirait de payer deux ou trois roupies. À la onzième heure, je refuse catégoriquement de l'épouser !

"Vous n'avez pas peur d'un cas de rupture de promesse ?" » demanda Mme Langrishe désespérée. Elle mourait effectivement dans le dernier fossé.

«Pas du tout», fut la réponse audacieuse. « Aucun homme, aucun gentleman n'est obligé d'épouser un saltimbanque amateur ! Oh, si ma pauvre chère mère avait été présente cette nuit, je crois que le choc l'aurait tuée ! Cependant, je suis reconnaissant pour les petites grâces ; Je suis reconnaissant d'avoir vu Miss Paske sous ses vraies couleurs , avant qu'il ne soit trop tard ! »

« Les invitations sont sorties depuis quelques jours ; le trousseau est presque terminé ; les cadeaux sont arrivés en masse ; le gâteau est effectivement dans la maison, que *dois-* je faire ? » plaida la malheureuse Mme Langrishe , transportée d'angoisse.

« Je suis sûr que je ne sais pas. Je me lave les mains de toute cette affaire. Je descends demain matin.

"Demain matin!" répéta la malheureuse dame.

"Oui, je n'ai aucune rancune personnelle ni aucun ressentiment contre *vous* , Mme Langrishe ", continua-t-il, comme s'il lui offrait une superbe preuve de générosité. « Ce n'est pas votre faute, même si je dois avouer que j'ai toujours pensé que vous aviez plutôt gâté Miss Paske. Cependant, dans le cas présent, je vous tiens entièrement innocent ; mais *la noblesse oblige* ... et je... une... ne pourrais vraiment pas demander à ma mère et à mes amis de recevoir une jeune... une... dame... dont la sphère propre est la pantomime et... tout ce genre de choses ! Et, agitant ses adieux d'une grande main tremblante, il sortit, et avec lui Mme Langrishe vit partir les brillantes perspectives de Lalla, sa propre réputation de femme intelligente et l'incarnation solide d'une immense dépense de patience — de flatterie — et de roupies. .

Elle resta longtemps assise devant le feu de bois mourant, son visage couleur de cendre.

A trois heures du matin, Lalla (une vraie débauchée) n'était pas rentrée, et son entretien imminent fut donc reporté de douze heures. Il était plus de trois heures de l'après-midi lorsque Miss Paske entra d'un pas nonchalant dans la chambre de sa tante. Mme Langrishe était prostrée, sous le double effet d'une nuit blanche et d'un mal de tête nerveux.

Lalla écouta son éclat avec incrédulité. Elle s'était habillée avec un soin particulier, avait ramassé tous ses bouquets et avait résolu de jouer une jolie petite scène de semi-pénitentielle, avec son *fiancé placide, facile à vivre, un peu ennuyeux* . Elle l'attendait à tout moment. Que disait sa tante ? Il était venu ; et vu; et s'est enfui ! Impossible! Il était présent hier soir ! Pour une fois, elle n'a manifestement pas réussi à mépriser, à rire ou à réprimer ou faire taire son parent de quelque manière que ce soit. Oh! elle avait été *folle* d'écouter Toby Joy, elle était toujours trop prête à se laisser trop convaincre par lui. Il n'avait rien à risquer, tandis qu'elle la mettait tout en jeu. Et ses magnifiques perspectives, son titre, ses diamants, grondaient à ce moment-là rapidement sur la colline dans le courrier branlant du tonga .

Les cadeaux, les invitations, le petit-déjeuner, ce que disaient les gens, surtout les siens, et l'exaltation non anormale de la vieille mère Brande, qu'elle avait impitoyablement piétinée, tout cela lui traversait l'esprit.

entendu , elle serait immédiatement renvoyée chez elle. Quelle horrible perspective. Rester jusqu'à la fin de ses jours, comme une sorte de « leçon de choses », un terrible exemple vivant, dans le coin de la grande maison de campagne miteuse de son père. Elle serait présentée à ses jeunes sœurs et aux autres comme la vieille fille qui avait eu sa chance et qui l'avait dansée !

Pendant tout ce temps, sa tante parlait couramment, sans cesse, avec passion, mais dans l'oreille d'un sourd, car Lalla écoutait ses propres pensées, et trop occupée par les clameurs d'une voix intérieure pour écouter ces effusions.

Enfin , une phrase frappa son oreille.

« Et que faire du gâteau qui a coûté deux cents roupies et qui se trouve maintenant dans mon cellier ? » demanda Mme Langrishe d'un ton dramatique.

« Tirez au sort, s'écria Lalla avec un rire inconsidéré, ou faites un autre pique-nique de famine et offrez-leur un gâteau de mariage et des décorations en sucre !

« *Lalla !* » cria sa tante, d'une voix qui aurait paru étrange même à ses amis les plus intimes. « Vous êtes le plus abominable, le plus sans principes et le plus diabolique… »

« Oh, ne vous embêtez pas ! » interrompit sauvagement Lalla ; Et elle sortit de la chambre et frappa la porte avec un bruit qui fit chanceler la psyché sur place.

Une fois dans son berceau, Lalla tourna la clé et se jeta dans un fauteuil, faisant tomber un paquet sur une table à son coude. Elle se baissa et le ramassa machinalement. C'était un livre d'anniversaire, l'un de ses nombreux cadeaux de mariage, et il était arrivé ce matin-là. Elle l'ouvrit pour chercher le verset en face de la date du jour. Peut-être que cela lui donnerait une idée de ses projets futurs. Car Lalla était extrêmement superstitieuse et influençait souvent sa route au moyen des instruments les plus triviaux, qu'elle acceptait comme des signes, des jetons et des présages. Aussi idiot et absurde que cela puisse paraître, elle attribuait tout son malheur actuel, non à sa propre tromperie et à sa folie – oh mon Dieu, non ! – mais au fait désastreux d'avoir eu une robe *verte* dans son trousseau, et c'était entièrement le fait de tante Ida. ce qu'elle fait, ce n'est pas sa faute.

Oui, Lalla avait un tempérament curieux et une imagination ouverte à toutes les influences fantastiques. Tout en parcourant les pages du livre, elle se dit : « Je prendrai ceci comme définitif et je m'y conformerai, pour le meilleur ou pour le meilleur. »

C'était le 11 septembre, et les lignes étaient...

« Retraité de tous, réservé et timide,

Pour réfléchir seul.

Scott.

« Quelle connerie totale ! » s'écria-t-elle avec passion ; puis, comme tous les chercheurs insatisfaits, elle résolut de jeter sa première résolution aux vents et de tenter encore une autre expérience – un plongeon de plus dans la loterie du Destin.

« Je vais voir ce que ça dit pour le vingtième… le jour de mon mariage, ça devait être… »

Elle se tourna vers la page et les lignes étaient...

"Il n'a ni un shilling, ni aucun souci."

Anon.

« Voilà, c'est réglé », s'écria Lalla en jetant le crochet et en se dirigeant rapidement vers son bureau.

En quelques heures, la nouvelle de la rupture de l'alliance se répandit dans tout Shirani. Une autre information fut faiblement murmurée, mais non créditée, car c'était vraiment *trop* de choses à digérer d'un seul coup pour les marchands de ragots. Ce dernier article déclarait « que Miss Paske et M. Joy avaient été vus volant sur la route des charrettes dans un tonga spécial . Ils s'étaient enfuis, elle, devant les reproches de sa tante, et lui, devant son devoir régimentaire. Ils étaient tous deux absents sans autorisation.

Pour une fois, la rumeur s'est avérée vraie sur tous les points. Le couple s'est marié dans la première église où ils sont venus, puis a rejoint une compagnie de théâtre anglaise en tournée en Inde et les a accompagnés dans les établissements des détroits, en Chine et au Japon.

Toby et Lalla agissent sous le pseudonyme professionnel de « M. et Mme Langrishe », à l'indignation indicible des propriétaires légitimes du nom.

Lalla avait écrit à sa tante une lettre des plus méchantes, désinvoltes, impertinentes, sans cœur, voire diabolique, mentionnant que le nom de Langrishe serait désormais entouré de distinction et d'un éclat de renommée, — et pour la première fois.

Il fallut plusieurs mois avant que la majestueuse Ida ne retrouve son équilibre mental et son moral. Les expériences qu'elle avait vécues aux mains d'« une fille sur mille » l'avaient considérablement vieillie ; il y a maintenant de nombreuses rides sur son visage lisse et teinté d'ivoire, et des fils d'argent parmi ses mèches brunes bien coiffées.

Chacun évite tacitement le sujet des fiançailles rompues, des représentations théâtrales et des nièces en sa présence ; et ce serait une femme vraiment audacieuse (comme *n'est pas* Mme Brande) qui oserait demander « ce qu'était devenue sa charmante nièce, qui *devait* épouser le baronnet ?

CHAPITRE XLIV.
UNE ROSE—PORT PAYÉ.

"Sahib, il y a quelqu'un qui arrive - dans un jampan", fut l'annonce surprenante du porteur à Jervis, qui était assis sous un arbre dans le jardin, occupé à peindre un portrait du petit-fils du porteur. Or, un jampan, ou dandy, est une sorte de chaise à porteurs de colline et un moyen de transport exclusivement réservé aux dames.

Qui pouvait être la dame qui venait au Pela Kothi ? pensa le jeune homme en se levant. Honneur? Impossible! Mme Brande ? Non, le grand pique-nique s'était dispersé depuis dix jours. Il se précipita vers la véranda et se protégea les yeux avec sa main. Oui, bien sûr, un dandy, porté par quatre hommes, et dont un tenait un énorme parapluie blanc, un autre étant porté à reculons sur la colline, suivi d'un indigène sur un poney et de deux coolies avec des bagages. Le *cortège* se dirigeait distinctement vers la maison, car ils quittèrent la route pour prendre le chemin direct ; mais tout ce qui était visible était le parapluie blanc qui se balançait parmi les hautes herbes de la jungle – et le parapluie blanc approchait, aussi sûr que le destin.

Au cours de la semaine dernière, Mark avait remarqué un grand changement chez son père. À mesure que son esprit se renforçait, sa santé corporelle semblait se détériorer : les cent tours sur la terrasse diminuaient progressivement chaque matin à mesure que les pas qui les parcouraient devenaient de plus en plus faibles, et la routine quotidienne était désormais entièrement mise de côté. Un voyage matinal avait été le principal moment de détente de Mark, puis un petit-déjeuner avec son père, puis il lui avait lu le journal, lui avait parlé, marché avec lui, jusqu'à environ trois heures, lorsque le major Jervis s'était endormi – et avait dormi presque sans interruption jusqu'à ce que Mark se détende. l'heure du dîner. Pendant ce temps, son fils allait chez un voisin , ou dessinait — il avait fait toute une galerie de types et de portraits — ou prenait son fusil pour tenter sa chance dans les collines.

Le major était toujours à son meilleur le soir. Il aimait jouer aux échecs, au piquet ou *à l'écarté* ; et il aimait parler de ses expériences, de ses vieux amis et camarades, fumer, raconter encore et encore les mêmes longues histoires, et il était souvent une ou deux heures du matin avant que son fils puisse le convaincre de éteignez son narguilé et allez vous coucher. Mais depuis une semaine ou dix jours, il n'y avait pas eu d'heures tardives, ni de promenades dans le jardin, ni de bains de soleil, et Mark n'avait jamais quitté les lieux. Il craignait que son père ne soit sur le point d'avoir une sorte d'attaque - qu'elle soit physique ou mentale, il était trop inexpérimenté pour le dire - et il avait envoyé le matin même une note à M. Burgess, lui demandant de venir voir son patient. .

Pendant ce temps, le visiteur se rapprochait de plus en plus, le parapluie dissimulant efficacement son identité. Au moment voulu, le dandy fut transporté à reculons dans la véranda, fit volte-face à droite et s'installa. Et voici, sous le parapluie était assis M. Pollit!

M. Pollitt, l'air extrêmement satisfait de lui-même, et portant une jolie veste Norfolk en tweed, un sac de courrier et un casque Elwood. Dans une main il tenait le parapluie, dans l'autre un Indien Bradshaw.

"Oncle Dan!" a presque crié son neveu.

« Voilà, mon garçon ! Maintenant, ne me traîne pas, ne me traîne pas. Laissez-moi sortir ; donne moi du temps. " Alors qu'il se tenait à côté de son neveu, je pensais que je vous surprendrais. " Et il lui serra vigoureusement la main.

« Une surprise… je devrais le penser ! Comment diable avez-vous pu trouver votre chemin ici ? Pourquoi n'as-tu pas écrit ?

« Je vais tout vous raconter tout à l'heure. En attendant, apporte-moi quelque chose à boire. Je ne veux pas déjeuner – apporte-moi à boire ; et puis promenez-moi comme un cheval, car mes jambes sont si raides à force d'être assise sur cette chaise infernale, que je crois en avoir perdu l'usage.

Pendant que M. Pollitt buvait un whisky et un soda, ses petits yeux erraient autour de la grande salle à manger à la magnificence fanée, puis s'égaraient vers la perspective incomparable de la fenêtre ouverte et se posaient enfin sur son compagnon.

« Bonjour, Mark, mon garçon ! Je vois que ce pays n'est pas d'accord avec vous.

"Eh bien, apparemment, ça te va, oncle Dan," fut la réponse souriante. "En tout cas, vous avez l'air en très bonne forme."

« Et comment va ton père ?

« Plutôt fragile, j'en ai peur ; il est malade depuis une semaine. Il dort en ce moment.

« Ah ! très bien, alors tu pourras m'expliquer *à* son réveil ; et en attendant j'ai bien des choses à *vous expliquer* , par exemple pourquoi je suis ici. Alors, emmène-moi dehors, où je pourrai me dégourdir les jambes. Il semble y avoir un grand jardin par ici.

« Et maintenant, pour commencer mon histoire par le début, » continua M. Pollitt, tandis qu'ils marchaient côte à côte, « j'ai reçu votre lettre, bien sûr – et bien sûr, cela m'a terriblement bouleversé. J'étais comme un fou, et cela ne m'a pas calmé quand quelqu'un n'arrêtait pas de dire : « Je vous l'avais bien dit ; il faut se méfier de l'eau qui dort!' et ainsi de suite. Au début, j'étais résolu à vous laisser à la dérive et à ne plus faire attention à vous. Je suis resté dans cet esprit pendant quinze jours, puis j'ai reçu une autre communication qui m'a rendu complètement fou. J'ai appris par mes banquiers que vous aviez tiré sur moi cinq mille livres. Maintenant tu sais, Mark, » s'arrêtant complètement et levant un doigt, « Je ne t'ai jamais voulu de l'argent, n'est-ce pas ? mais prendre les choses comme ça. Ne m'interrompez pas. J'avais fait savoir discrètement à Bostock et à Bell que j'honorerais vos chèques dans une petite mesure supplémentaire, au cas où, pensais-je, il lui manquerait quelques centaines d'argent, mais cinq mille ! Oui oui; Je sais que tu ne l'as jamais eu ! *N'interrompez* pas , je vous le dis ; laissez-moi continuer. J'ai immédiatement écrit à Bombay pour demander des détails, et la réponse m'est revenue : « Que M. Jervis avait retiré l'argent personnellement, en billets et en or, et avait navigué pour l'Australie – avec une *dame* . »

"Navigué pour l'Australie avec une *dame* !" répéta Mark, s'arrêtant à son tour sur le chemin de gravier.

"Oui. Au début, je pensais que je voyais tout cela aussi clairement que sur papier. Votre lettre était une ruse pour gagner du temps. Vous saviez que j'étais totalement opposé à vos fiançailles avec Miss Gordon, que je voulais que vous rentriez à la maison, alors vous veniez de prendre les choses en main, de vous aider à ce qui vous permettrait de bien démarrer, d'épouser la fille et d'émigrer au Royaume-Uni. colonies. J'ai gardé cette idée pour moi, je suis maintenant très reconnaissant de le dire, et je m'inquiétais et je m'inquiétais jour et nuit pour les affaires. Toute cette affaire ne vous ressemblait pas ; mais ce n'était pas très différent de Clarence. Et où était Clarence ? J'ai pensé à écrire et à me renseigner davantage – en fait, la feuille de papier était en fait devant moi – quand j'ai soudainement dit : « Pourquoi ne devrais-je pas sortir moi-même, au lieu de deux pence ou demi -penny de papier ? Mme Pollitt était à Homburg, j'étais seul et, à vrai dire, je n'avais aucune envie de tirer ou quoi que ce soit. Pour résumer l'affaire, au lieu d'écrire, je me rendis directement au bureau des P. et O. et réservai mon passage pour Bombay par le courrier suivant. Je pensais que j'allais sortir tranquillement et voir par moi-même comment était le terrain. Je suis sorti fin août. Phew! J'ai chaud maintenant, quand je pense à ces jours sur la mer Rouge, un soleil de plomb, un bateau à vapeur en fer. J'étais comme un homard dans une poissonnière ! Inutile de dire qu'il n'y avait ni seigneurs ni ducs à bord ; mais j'ai voyagé avec ce qui me convenait *le mieux* : un avocat d'une intelligence rare, qui vit à Bombay, et qui m'a fait tout faire. Nous sommes devenus de grands amis, et comme nous fumions beaucoup ensemble, je lui ai raconté toutes mes affaires et me suis remis sans réserve entre ses mains ; et pour une fois dans ma vie, j'ai fait une chose sage. Il voulait que je reste avec lui, mais j'ai logé dans un hôtel. Mais il m'a truqué, a engagé pour moi un domestique goanais de première classe, qui parle anglais et qui me prend entièrement en charge, comme si j'étais un bébé, et s'est mis à dénicher le commerce des chèques. J'ai vu le chèque, c'était bien votre signature ; mais l'écriture de « cinq mille livres » était d'une autre main : celle de Clarence. J'ai découvert qu'il s'était fait passer pour toi. Sa photographie a été identifiée à la banque. Je n'ai rien pu entendre sur la dame ; mais elle a été inscrite sur la liste des passagers pour Melbourne sous le nom de « Mme ». Jervis. Alors quittez Waring — et *il est* un bon guide pour enfants !

"Ce n'est pas tout", éclata Mark. « Il doit de l'argent partout ! Je lui ai donné le contrôle de tous nos fonds, et il a dilapidé chaque centime.

"Je vous servirai bien," répondit son oncle avec emphase.

"Oui; c'est certainement le cas. Je lui ai également donné un chèque de cinq cents pour tout payer le jour de mon départ de Shirani. J'étais tellement ennuyé que j'en conclus que je n'ai jamais rempli correctement le chèque.

« Évidemment non, et votre petit oubli m'a coûté quatre mille cinq cents livres. Eh bien, peu importe ça maintenant. J'ai entendu de jolies histoires sur Clarence à l'hôtel : des gens qui parlaient à la table à côté de moi ; comment il avait joué, parié et joué au deux, et avait fait une véritable patte de chat du jeune imbécile avec lequel il voyageait, c'est-à-dire *vous* - un fait indéniable. Après avoir terminé Waring, je suis venu immédiatement vous chercher, maître Mark. Pedro, c'est mon camarade, a pris grand soin de moi, et j'ai vécu autant d'aventures qu'il faudrait remplir un volume de *Punch* . J'ai voyagé confortablement tant que j'étais sur le rail, à l'exception de la chaleur ; mais une fois le rail terminé, et j'ai dû me rendre dans une boîte - je suis trop vieux pour commencer à monter à cheval - j'ai été particulièrement désolé pour moi-même. Cependant tout ce que je voyais était nouveau et intéressant, le paysage splendide ; Je suis venu *via* Shirani, bien sûr, et j'ai interrompu mon voyage aux Brandes, Sir Pelham et Lady Brande. Au fait, vous ne m'avez jamais dit qu'il avait un pseudonyme pour son nom ! Eh, comment c'était ?

« Et comment avez-vous connu les Brande ? demanda gravement son neveu.

« Ah, c'est une autre histoire ! Et comment en êtes *-vous arrivé* à dire à Sir Pelham qu'il y avait de la folie dans la famille Jervis, hein ?

« Parce que c'est vrai. Et je ne l'ai entendu que depuis mon arrivée ici. Mon grand-père est mort à l'asile d'aliénés de Richmond, mon oncle a sauté par-dessus bord en mer, mon père a maintenant, Dieu merci, un intervalle de lucidité, mais il est fou depuis des années.

« Des mensonges, chacun d'entre eux ! » » s'est enflammé M. Pollitt.

"Oncle Dan, que veux-tu dire?" » demanda Jervis, avec des lèvres tremblantes et une paire d'yeux sévères et inquisiteurs.

« Je connais la famille Jervis ; eh bien, mec, je me suis donné pour mission de l'étudier. Votre grand-père, un vieux soldat splendide, est mort à Richmond dans sa propre maison, aussi sain d'esprit que moi, plus sain d'esprit, en fait, car j'ai failli perdre la raison plusieurs fois ces derniers temps. Votre oncle, noble homme, a sauté par-dessus bord pour sauver des vies et a perdu la sienne. La tête de ton père a été brisée par une chute. Qui vous a raconté cette autre calomnie ?

« Fernandez, l'héritier de mon père. Il a été informé par Mme Jervis, ma défunte belle-mère. Et tout est vrai, ce que tu me dis ?

« Aussi vrai que je suis un homme vivant et pécheur. Votre père, sans aucun doute, croyait que chacun des siens était des fous, une phase de ses propres illusions.

«Oncle Dan», interrompit son neveu, «je ne pense pas que tu puisses jamais réaliser ce que tu as fait pour moi. Vous m'avez redonné la vie et l'espoir. C'est la raison pour laquelle j'ai abandonné Miss Gordon.

"Et elle est toujours fidèle à toi", hochant la tête avec insistance.

"Comment diable le sais-tu?"

— Oh ! j'en sais beaucoup, étant donné que je ne suis à la campagne que depuis quinze jours ! Mark, mon cher garçon, je vois que toute cette nouvelle soudaine est trop pour toi.

— Continuez, continuez, s'écria l'autre, blanc d'excitation ; "De telles nouvelles ne sont jamais de trop pour personne ."

«Eh bien, vous savez, je suis arrivé par cette route de charrette exaspérante et sinueuse - j'ai commencé à penser qu'elle n'avait pas de fin, comme l'éternité. Vous vous souvenez des fontaines, tous les quelques kilomètres ? À l'un d'eux, mes camarades s'arrêtaient pour boire et fumer, et il y avait une dame qui faisait abreuver son cheval, une fille remarquablement belle, chevauchant un bel Arabe noir. Elle avait un chiot blanc sur ses genoux. Elle avait l'air si aimable que, bien que, comme vous le savez, je sois un homme timide, j'ai osé lui parler et lui ai demandé si la route menait à un endroit autre que la Chine ? ou si elle avait déjà *entendu parler* de Shirani ? Oui, elle vivait là-bas ; et c'était seulement quatre milles plus loin. Nous avons bavardé, nous allions dans le même sens : son cheval ne supportait pas le chiot à tout prix, mais se cabrait et se balançait comme un fou. Elle l'assit magnifiquement, dirai-je, et s'accrocha au chien comme une mort sinistre ; elle a dit qu'il était fatigué - et en bref, *j'ai* pris le chiot dans le dandy, et de toutes les méchantes petites brutes qui s'agitent ! - mais cette fille a de si beaux yeux - je pourrais tout faire pour elle. Et j'aimerais voir l'homme qui pourrait lui résister ! Je lui ai dit mon nom, je lui ai dit que j'étais sorti après mon neveu et je lui ai demandé si elle avait déjà entendu parler de lui – il s'appelait Jervis. Elle est immédiatement devenue écarlate, je vous l'assure, et a dit "Oui". J'ai osé lui demander son nom. Elle a dit que c'était Gordon ; et quand je répondis : « J'ai entendu parler de *vous* », elle devenait, si possible, encore plus rouge. Nous sommes devenus aussi épais que des voleurs en un rien de temps. Je suis sorti et j'ai marché à côté d'elle, portant en fait le chiot - car il ne voulait pas s'asseoir seul dans le dandy - et elle m'a beaucoup parlé des gens des collines et des sommets des montagnes, et m'a appris quelques mots d' hindoustani . Je lui ai demandé un hôtel, elle m'a répondu qu'il n'y en avait pas et qu'il fallait que je vienne chez son oncle ; lui et sa tante seraient très heureux de me voir, car M. Jervis était un de leurs amis particuliers. Et n'est-il pas aussi un de *vos amis particuliers* ? J'ai demandé aussi clairement que je savais le faire. Et elle m'a regardé droit dans les yeux et m'a dit : « *Oui* ». Je suis resté chez les Brande, pour faire court, et j'ai été enchanté de ma visite. Je sais maintenant ce que les gens veulent dire lorsqu'ils parlent de l'hospitalité indienne et des amis indiens. Je crois que je m'attache beaucoup au pays !

"Alors tu ferais mieux de rester ici, oncle Dan, et de vivre avec moi."

« Une affaire de Mahomet et de la montagne, hein ? Non, non, mon garçon ; Je veux te ramener à la maison. Je ne peux pas t'épargner. À mon âge, il est impossible de jeter de nouvelles racines.

« Et à propos de Miss Gordon ? » exhorta son auditeur avec impatience.

« L'honneur, tu veux dire. Elle était charmante. Elle a peut-être voulu faire tourner ma pauvre vieille tête idiote, et elle a réussi. Elle jouait du violon, *ça* m'a calmé. Hier matin, avant mon départ, elle et moi nous promenions assez tôt dans le jardin, et elle m'a fait une boutonnière ; et j'ai dit : « Je pars maintenant voir mon garçon. Voudriez-vous m'offrir une fleur pour lui et avez-vous un message ? Elle ne répondit pas pendant une minute entière ; alors, pour la mettre à l'aise, j'ai dit : « Je sais tout, ma chère. J'étais en colère à l'idée qu'il puisse me quitter ; mais qu'est-ce que c'était que de *te quitter* ! «Il a fait ce qui était juste», dit-elle en s'élançant comme une fusée. Quand nous fûmes de nouveau réconciliés, elle choisit une fleur avec le plus grand soin et dit avec un visage aussi rouge que la rose : « Tu peux lui donner cela, avec mon amour. « Certainement, dis-je ; mais le transport doit être payé d'avance. Au début, elle ne comprenait pas.

"Et je dois avouer que je suis également en mer", a avoué son compagnon.

"Eh bien, jeune âne, bien sûr, je lui ai obligé à m'embrasser."

"C'est plus que ce qu'elle m'a jamais donné. Oncle Dan, tu es un homme extraordinairement compétent. Pas étonnant que vous ayez fait une grande fortune ! Vous ne m'avez apporté que de bonnes nouvelles – j'ai la tête qui tourne – j'ai peine à tout comprendre d'un coup.

«Eh bien, mon cher garçon, j'en suis heureux. Car il me semble que vous et la bonne nouvelle êtes restés étrangers pendant de longues journées ! Et maintenant, supposons que nous entrions et vérifiions si votre père est réveillé ?

CHAPITRE XLV.
SEULEMENT M. JERVIS.

"Je n'ai jamais vu un tel changement chez personne!" balbutia M. Pollitt, avec une certaine émotion, alors qu'il suivait Mark hors de la chambre de son père. « Il a des années de moins que moi, et il est si cadavérique et si rétréci qu'il en paraît au moins soixante-dix. Pauvre gars! il fut d'abord dans un état désespéré, lorsqu'il crut que j'étais venu pour vous enlever. Je suis heureux que vous l'ayez si complètement rassuré. Eh bien, tant qu'il sera là, il vous aura. Je comprends les choses maintenant ; Je l'ai vu de mes propres yeux, et un regard vaut une tonne de lettres.

M. Pollitt était enchanté de ses quartiers actuels, de la grande maison décousue, de ses jardins, de sa situation, de ses meubles pittoresques. La solitude et le silence étaient un rafraîchissement extraordinaire pour le petit cockney usé du monde, après le rugissement de la circulation londonienne, le vrombissement des moteurs et le grondement des wagons.

En l'honneur du nouvel arrivant, le khansamah a envoyé un dîner remarquablement bien préparé, pas du tout un *menu de jungle* . Il y avait une excellente soupe, du poisson frais provenant d'un « tal » (un lac) de montagne, *des entrées* , quelques perdrix des collines, des friandises, de la crème jaune, des fruits et du café noir. Le bordeaux fut une autre agréable surprise ; il avait été déposé par un connaisseur et importé directement de Bordeaux *via* Pondichéry. Mais la plus grande surprise de toutes a été présentée en la personne de l'hôte lui-même. Avec son cœur réchauffé par un bon vieux vin et la présence d'un vieil ami solide, le major Jervis s'est enflammé pour redevenir un semblant de ce qu'il avait été autrefois. Il parlait de manière cohérente et même avec brio ; il a ri et plaisanté, et a écouté avec un plaisir non affecté l'histoire du voyage et des aventures de M. Pollitt *en cours de route* . Ses yeux brillaient d'un peu de leur feu ancien ; les rides et ridules semblaient disparaître de son visage ; sa voix était celle d'un homme qui pouvait encore se faire entendre lors d'un défilé. M. Pollitt regardait et écoutait avec un étonnement vide ; il était fasciné et emporté à bout de souffle par des chroniques d'évasions d'un cheveu, de tirs de tigres et de captures d'éléphants ; par des récits de superstitions orientales, de chevaux, de lieux et de gens chanceux et malchanceux, des histoires de la vie indigène ; d'un noble anglais qui vivait dans un bazar, gagnant son pain en réparant des charrettes et des ekkas ; d'un jeune officier de bonne famille et de fortune, qui avait perdu la tête à cause d'une fille indigène, avait abandonné son pays, sa profession et sa religion, et avait adopté son peuple et embrassé sa foi ; comment, en vain, ses riches parents anglais l'avaient supplié de revenir chez eux ; comment ils étaient venus le chercher, avaient discuté et imploré, et finalement l'avaient convaincu d'abandonner ses associés ; et comment, avant d'avoir atteint

Bombay, ils l'avaient perdu : lui, incapable de briser le charme de la sirène, s'était enfui vers ses anciens repaires. Il parlait d'Anglais lépreux, vivant dans une triste solitude parmi les collines, inconnus et sans nom ; de l'incendie des sorcières, du culte du diable, de la magie noire et des sacrifices humains. Les éléments les plus passionnants et les plus extraordinaires de son passé étaient déroulés sous forme de parchemin et récapitulés dans un langage vif et puissant.

Qui était-ce qui les tenait en haleine ? pensaient ses auditeurs. Non pas l'épave brisée de la matinée, mais le soldat qui avait fait beaucoup de service, qui avait senti le pouls des événements, qui avait absorbé l'Inde par ses yeux et ses oreilles - l'Inde *réelle* , au cours d'une résidence de trente-cinq ans dans ce mystérieux, une terre enivrante et magnifique ! Des escarmouches aux frontières tenues à l'écart des journaux, des échanges amicaux entre ennemis sur le terrain, des disparitions mystérieuses, des hommes qui avaient donné leur vie pour leur pays, des héros inconnus de la renommée, dont les actes n'étaient pas enregistrés par une seule ligne d'imprimés, dont les tombes peu profondes étaient marquées de croix pourries sur la sombre frontière afghane.

Le major Jervis a captivé son auditoire ; même l'attention de Mark se tournait *rarement* vers un coolie qui courait en ce moment à travers les collines boisées à la lumière des étoiles froides et vives, avec une lettre dans son pagne adressée à « Miss Gordon ».

Il était une heure avant que le groupe ne se disperse ; Et tandis que le major Jervis tapait sur l'épaule de son beau-frère en lui souhaitant une chaleureuse bonne nuit, il ajouta :

« Qui sait, Pollitt, si votre éloquence ne me persuadera pas de rentrer chez vous avec vous, après tout ?

« Mon père est très malade », dit Mark en entrant dans la chambre de son oncle à huit heures le lendemain matin. « Il veut te voir. Je suis avec lui depuis six heures ; et, oncle Dan, j'ai peur que ce soit la fin.

Oui, cela ne faisait aucun doute, pensa M. Pollitt ; la mort était sûrement inscrite sur le visage qui lui était tourné. La nuit dernière avait été la dernière lueur avant que la flamme de la vie ne s'éteigne.

Le malade était calé sur une chaise près d'une fenêtre donnant sur la neige ; mais son visage était horrible, sa respiration était difficile .

« Je suis content que tu sois là, Dan ; heureux de nous revoir. Et il fit un mouvement comme s'il voulait tendre sa main épuisée et apparemment impuissante. « Toi et Mark vouliez que je rentre à la maison », murmurèrent les lèvres grises ; « et je pars… plus tôt que vous ne le pensiez. Il tourna ses yeux ternes et les fixa intensément sur son fils. "Que Dieu vous bénisse, Mark," murmura-t-il presque inarticulément. Ce furent ses derniers mots.

Lorsque M. Burgess est arrivé, une heure plus tard, il était mort.

« Mort d'un échec de l'action du cœur, provoqué par une excitation accablante ; » mais, autant qu'il pouvait en juger, « en aucune circonstance, il n'aurait pu survivre une semaine ». Tel fut le verdict du missionnaire.

« Ah, sahib ! » s'écria Mahomed, les mains et les yeux levés, je savais comment cela se passerait ; il y a eu l'avertissement, l'avertissement infaillible à midi hier soir – *la voix* .

« Que veux-tu dire, Jan Mahomed ? Jervis revint rapidement.

« La voix d'un étranger, sahib, qui crie dans la cour. Il réclamait son cheval. Il faisait un long voyage. Le Protecteur des pauvres connaît sûrement la vérité à ce sujet ? Il en est toujours ainsi avant la mort d'un homme : il y a un ordre prononcé à haute voix : « Gorah tiar hye ! » » (« Amenez mon cheval ! »)

Le major Jervis fut déposé au cimetière de cantonnement le lendemain matin. M. Burgess a lu le service funéraire. Mark, M. Pollitt et un ou deux voisins se rassemblèrent autour de la tombe, tandis qu'au loin se tenaient des serviteurs, des coolies et de nombreux malades, pauvres et lépreux, pour qui le « cher frère », maintenant enterré, avait été un ami gentil et généreux.

Fernandez arriva en réponse à un télégramme plein de joie, d'agitation et d'importance. Il ne comprenait pas les visages des deux Anglais. C'était, comme il l'a dit franchement, une libération heureuse. Il aimait l'organisation, le changement et l'enthousiasme, et entreprenait toutes les démarches avec zèle. Il semblait être partout à la fois. Il parlait, se pavanait, gesticulait et faisait un tel bruit qu'il semblait que dix hommes s'étaient ajoutés à la fête.

« La maison et le terrain appartiennent à Mark », expliqua-t-il à M. Pollitt ; « ça ne vaut pas grand-chose », haussant les épaules. « Tout le reste *me* revient , tous les bijoux. J'aimerais pouvoir vous montrer ceux de la banque », et ses yeux brillèrent en y pensant. "Mais nous allons sortir ce qu'il y a ici et vous laisser les observer, car ils sont indigènes et très curieux."

Un grand coffre-fort fut donc ouvert, le contenu sorti et déversé, voire entassé, sur une table couverte de pourpre, qui le présentait avantageusement.

M. Pollitt s'assit délibérément pour examiner ce qui représentait évidemment une immense quantité d'argent, ainsi engloutie dans l'or et les pierres précieuses. Il y avait des aigrettes de diamants, les joyaux ternes et mal taillés, mais d'une taille extraordinairement grande. Il y avait des vases et des boîtes en or et du jade blanc et vert incrusté de rubis. Khas-dans, ou boîtes à bétel ; pots pour pots de roses; des ornements en forme de croissant pour le turban, sertis d'émeraudes et de diamants ; des bracelets de cheville en or, dont les extrémités sont formées de têtes d'éléphants ; des ornements de front, sertis de grosses perles avec des pendants pendants ; des plumes ou turahs pour turbans, avec des rangs de diamants ; des brassards, des bracelets, des anneaux pour le nez ou les oreilles, des gratte-dos en or et en ivoire, de magnifiques colliers de perles et de nombreuses énormes émeraudes et rubis non sertis. C'était la collection et les réserves de générations, sur le point d'être dispersées aux quatre vents par la main grasse et agitée de Fernández Cardozo.

«Je voudrais te donner quelque chose, Mark», dit-il en retournant négligemment des tas d'or et de pierres précieuses tout en parlant. « Accepterez-vous un cadeau de ma part, mon bon ami ?

" Bien sûr qu'il le fera", dit le petit Londonien avec une promptitude professionnelle.

"Tu as plaisanté avec moi sur le fait de porter un-un-collier, hein, tu te souviens, quand je t'ai montré un certain petit bijou ?" Fernandez avait l'air conscient et croyait réellement qu'il rougissait. « Eh bien maintenant, je vais *vous en offrir* un ! Regarde ça!" tenant vers lui un rang de grosses émeraudes, percé et couru sur un cordon de soie, et retenu par un pompon d'or. "Ce sont pour votre future épouse, Mark mon garçon."

"Comment saviez-vous pour elle?" le regardant gravement.

"Ho ho ho! Pas un mauvais coup, je vois ! Un arc tendu au hasard ! Alors il y a une si jeune femme ?

« Oui, » acquiesça M. Pollitt, « et une très belle jeune dame ; vous pouvez me croire sur *parole* !

"À quoi ressemble-t-elle?" se tournant vers Mark avec des yeux pétillants. « Clair ou sombre ? »

« Tu la verras un jour , Fernandez. Vous devez venir à notre mariage.

« Je serai très heureux ; mais, mon cher, décris- *moi* son aspect. Je suis un tel homme à femmes, vous savez, un tel admirateur de la beauté.

"Oh, elle est grande, une tête au-dessus de toi, Cardozo", dit M. Pollitt, "et a des cheveux noirs, des yeux gris foncé et une couleur très délicate , l'air d'une princesse."

« Ah ! alors elle aura ces perles au lieu d'émeraudes ! s'écria Fernandez avec enthousiasme, plongeant ses gros doigts dans les cordes du premier et les tenant en l'air pour les inspecter. Quatre rangs de grosses perles fermées par un fermoir ancien et un petit pompon de rubis.

"Ils ont beaucoup trop de valeur, c'est un cadeau beaucoup trop beau", objecta Mark, se retenant instinctivement.

« Rien n'est trop beau pour une belle fille ! et, en matière de valeur, les émeraudes, bien qu'elles ressemblent à autant de boules de verre vert, les battent ! Si vous les refusez en son nom, je vous assure que j'en serai tout offensé ; et il est sûrement normal que la fille du major reçoive un petit cadeau parmi tous les bijoux de la reine.

– Je n'appelle pas cela un petit cadeau, Fernandez, et je vous suis bien obligé ; mais je le porterai à Miss Gordon, et plus tard, elle vous remerciera personnellement.

«Ils sont superbes!» s'exclama M. Pollitt avec ravissement. "Je lui donnerai des diamants pour correspondre."

Aussi incongrus soient-ils, M. Pollitt et M. Cardozo s'entendent étonnamment bien. Les manières fleuries de Fernandez, ses idées orientales et son langage ornemental intéressaient le petit Anglais à la tête dure et terre-à-terre. Ils marchaient, fumaient et discutaient bruyamment ensemble, tandis que Mark partait visiter une certaine tombe nouvellement creusée et prendre congé de la dame persane.

« Ah, mon ami, je t'attendais », dit-elle en se levant du chabootra , ou kiosque à musique. «Je pensais que tu viendrais sûrement me dire adieu. Bien sûr que tu pars ?

"Oui. Je pars immédiatement.

"Et vous allez l'épouser maintenant et obtenir le désir de votre cœur?"

"Je l'espère. Et je viens vous offrir ce qui peut combler le vôtre !

Elle le regarda avec un air interrogateur presque féroce.

«C'est la Maison Jaune. L'accepterez-vous, pour votre vie ? Vous avez dit que vous souhaitiez un grand bungalow en position centrale, et vous y êtes !

« La Maison Jaune ! Oh, c'est trop. Non, je ne pourrais pas le supporter, même pour mes pauvres. Non non Non!" et elle secoua la tête d'un air décidé.

"Pourquoi pas?" il argumenta ; « C'est à moi d'en faire ce que je veux ; et il n'y a rien qui me procurera plus de plaisir que de sentir qu'il est entre vos mains – et les moyens de faire le bien – au lieu de rester fermé, vide et de tomber en ruines. Il y a le jardin pour les patients, les pâturages pour les vaches, les grandes salles pour les salles. Je paierai heureusement un apothicaire et un assistant, et tout ce qui sera nécessaire.

« Vous souhaitez établir une sorte d'hôpital de colline pour les pauvres de ces régions ? » demanda le Persan incrédule.

"Non; vous l'avez déjà fait. Je demande seulement la permission de vous aider. Si vous n'acceptez pas le Pela Kothi de ma part, prenez-le de nous deux ou d'Honor. Vous ne la refuserez pas !

« Et je ne te reverrai jamais, ni elle ? elle a hésité.

"Qui peut dire? Peut-être qu'un jour nous viendrons vous rendre visite. En tout cas, elle vous écrira.

"Mais comment peut-elle m'écrire, à moi, à moi, à moi, à moi, une femme persane ?" le regardant avec une intensité qui n'était pas agréable à contempler.

«Au moins, *je* vous écrirai», répondit-il, légèrement déconcerté. « Je vous enverrai une certaine somme annuelle à dépenser pour les misérables lépreux, et sous toute forme charitable que vous jugerez la meilleure. M. Burgess traduira pour vous mes lettres, ainsi que toutes les réponses que vous pourriez avoir la bonté de m'envoyer. Nous ne souhaitons pas vous perdre de vue, si nous pouvons l'aider.

" *Nous!* comme tu as vite appris à le dire ! Vous êtes si heureux là où vous avez connu jusqu'ici une grande misère, et la pauvre indigène aura bientôt disparu de votre esprit. Vous êtes libéré. Je ne serai jamais libéré, sauf par la mort. Vous serez dans un autre monde : vous et Miss Sahib ! Veux-tu lui donner ça de ma part ? C'est un peu de charme. Non, ne riez pas. Que suis-je sinon un indigène ignorant et superstitieux ? Néanmoins, je veux bien dire. C'est une amulette contre la maladie, la pauvreté ou la perte d'amis ; une vieille femme des collines me l'a donné. Elle a dit que cela n'avait jamais échoué. Je n'ai pas d'amis à perdre, mais je suis étranger à la pauvreté et à la maladie.

«Je le lui donnerai demain», prenant de sa main une pierre lisse, vert foncé, de la taille d'un noisetier. " Quant à ne pas avoir d'amis, Miss Gordon et moi ne pouvons-nous pas nous appeler vos amis ? "

« Comment une dame anglaise et un sahib anglais peuvent-ils être les amis de... une femme de mon peuple ? » s'enquit-elle, avec un visage aussi inexpressif qu'un masque.

«Il en sera comme vous voudrez», répondit-il gravement. «Mais je ne vois rien qui puisse nous séparer. N'oubliez pas que nous souhaitons être vos amis, si vous le voulez bien. Et maintenant, j'ai peur de devoir y aller.

Il vit ses lèvres frémir, tandis qu'elle détournait brusquement le visage et le renvoyait d'un geste rapide et impérieux.

Avant de quitter la vallée, il se retourna une fois. Le Persan se tenait exactement là où il l'avait laissée. En réponse à son signal d'adieu, elle agita un mouchoir et se trahit ainsi involontairement. C'était l'action d'une Anglaise !

M. Pollitt était en fait réticent à abandonner cette vie de simplicité pastorale. Le jardin parfumé, l'air clair et exaltant, les gens robustes et simples des collines, la vue des collines et des plaines, baignées d'une brume bleue ou violette, semblaient le retenir. Lui et Fernandez ont convenu de voyager ensemble de manière tranquille et confortable ; mais Mark ne voulait pas et ne pouvait pas attendre. Il était amoureux. Là où l'amour existe, c'est la seule chose dans la vie – tout le reste n'est rien. Il déposa un dâk de ses trois poneys sur la route et, en début d'après-midi, partit au galop vers Shirani, avec deux cadeaux de mariage en poche.

Peut-être que les poneys gris et bai étaient aussi impatients que leur cavalier de retourner à leurs anciens repaires ; en tout cas, les quarante milles qui s'étendaient entre le Pela Kothi et Rookwood furent parcourus à un rythme qui n'a jamais été approché, et à la suite de ce voyage rapide, Mark Jervis arriva bien avant qu'il ne soit attendu. Ce soir-là, lady Brande avait donné un dîner, l'un de ses « burrakhanas » les plus supérieurs . Les gens avaient quitté la table et étaient rassemblés dans le salon, où l'on remarquait généralement que Miss Gordon était d'une beauté éclatante. Oui, elle avait entièrement retrouvé son apparence. Il y a quelques mois , elle s'était terriblement détériorée ; mais cette étrange histoire d'amour étouffée avait suffi à blanchir son visage et à dévorer sa chair. Quelqu'un était au piano en train de chanter une pénétrante chanson d'amour italienne, lorsqu'il devint évident qu'un invité extrêmement tardif était sur le point d'arriver. Il y eut l'éclair d'une lanterne à l'extérieur, le martèlement des sabots des poneys et le son d'une voix virile qui fit battre le cœur d'Honor.

Sir Pelham s'éloigna un instant, puis revint et jeta un regard significatif à sa femme.

Elle se leva aussitôt, sortit précipitamment de la chambre et fut aperçue, à travers la véranda ouverte, en conversation animée avec un jeune homme en tenue d'équitation. L'étiquette interdisait à Honor, le plus concerné, de bouger. La bienséance lui enchaîna les mains et les pieds.

«J'espère que vous m'excuserez», haletait Lady Brande, revenant un peu essoufflée, et s'adressant à ses invités, d'une voix entre rire et pleurs. « Il déclare qu'il n'est pas apte à comparaître. Il vient de revenir... Ce n'est que M. Jervis !

CHAPITRE XLVI.
UN MARIAGE AVEC DEUX GÂTEAUX.

Ce qui suit est une partie d'une lettre d'une dame de Shirani, à son plus cher ami dans les plaines : -

« Il est vrai que vous avez fait l'affreux voyage, tout le rangement, la descente des charrettes, les visites d'adieu et les vilaines petites factures, et que vous êtes installés dans la plaine en quartiers d'hiver, toute cette misère est devant moi. Je pense néanmoins que vous avez pris prématurément vos quartiers d'hiver. Octobre est tout à fait mon mois dans les collines, l'air est si pur et si clair, on peut voir à des kilomètres, les teintes d'automne sont exquises et les basses terres semblent voilées dans un lavis des teintes de cobalt et d'améthyste les plus exquises.

« De plus, je suis ici pour *le* mariage. Vous voulez tout savoir, bien sûr, et je ferai comme je le ferais, et je commencerai par le tout début. Lorsque le jeune Jervis revint inopinément, tout le monde fut vulgairement étonné ; l'explication de son absence était toute simple, et il emmenait à sa suite son oncle, l'homme riche, le vrai, le vrai et le seul millionnaire ! Et bien sûr, ils restèrent à Rookwood, et les fiançailles de Miss Gordon furent immédiatement annoncées – je dois dire que les deux hommes avaient l'air délicieusement heureux. Je les rencontrais à cheval sur les chemins de pins, ils venaient aussi au club, au tennis, et se comportaient effectivement comme des gens raisonnables, et beaucoup moins comme des amants (en public), que d'autres couples non fiancés. Lady Brande n'affichait qu'un grand sourire chaque fois qu'on la voyait, et en effet, elle et le petit millionnaire flétri étaient ridiculement radieux. Il était ravi de tout ce qu'il voyait. (Un contraste total avec certains de nos visiteurs de chez nous.) Entre autres choses, il semble particulièrement satisfait de sa future nièce ; Je les ai remarqués constamment ensemble. En fait, je pense qu'il l'a monopolisée un peu plus que ce n'était juste. Lady Brande et le neveu ont toujours été *au mieux* ! Au début, une terrible rumeur courait qu'en raison d'une récente affliction dans la famille du marié, la mort de son père, le mariage devait être très calme, la mariée devait se marier selon son habit et s'éloigner de l'église. Mais, après tout, un compromis fut trouvé , par respect pour les souhaits de Lady Brande. Il ne devait y avoir ni orchestre, ni grand déjeuner, ni tapage, par respect pour les souhaits du jeune homme ; mais la mariée devait porter une robe blanche orthodoxe, et quiconque le voulait pouvait venir à l'église et les voir mariés, puis se rendre à Rookwood pour un gâteau et du champagne. Inutile de vous dire que tout le monde était heureux d'assister au seul mariage de la saison, un mariage qui avait un air de romantisme et qui était certainement un mariage d'amour. Les cadeaux étaient en réalité des témoignages de bonne volonté, non donnés pour paraître, et étaient « nombreux et coûteux », comme on dit dans les journaux ; le plus beau, à mon avis, était un splendide collier de rangs de perles, très pittoresque. L'un des plus petits était un crochet à bouton de Mme Langrishe . Je ne sais pas *comment* elle peut être si méchante ! Je crois qu'elle a pressé Lady Brande de se débarrasser de certains de ses préparatifs pour cet autre mariage. Et Lady B., qui est l'âme de bon caractère, a été contrainte d'acheter le gâteau de mariage, jamais déballé : elle en avait un superbe, bien sûr, de chez Pelitis ; mais elle l'acheta comme affaire supplémentaire pour la découper ensuite et l'envoyer.

« Sweet Primrose et Dolly Merton étaient les petites demoiselles d'honneur ; et comme le premier insistait pour avoir « un gentleman avec qui marcher », les deux beaux garçons de Mme Paul, en costumes de pages blanches, accompagnaient la paire de petites servantes. Ils formèrent le plus joli quatuor : Dolly et Sweet dans des robes si élégantes, Sweet ressemblant vraiment à un jeune ange, avec ses cheveux dorés. Cependant, elle est ressortie sous ses vraies couleurs avant la fin de la journée. Je me demandais si elle était invitée à être présente sous quelque forme que ce soit, mais Miss Gordon a dit que M. Jervis le souhaitait particulièrement. On ne tient pas compte des goûts – bien sûr, il ne la *connaît pas* . Je vous le déclare, cette enfant se pavanait dans l'allée, avec ses chaussures et ses bas de soie blanche, comme si elle rejetait la critique, et comme si toute l'église bondée et pleine de monde était rassemblée uniquement pour contempler Sweet Primrose ! Il y avait plusieurs étrangers présents, des amis que le marié avait choisis, deux ou trois jeunes planteurs dont les cheveux avaient vraiment besoin d'être coupés, un missionnaire à l'immense barbe brune qui participait à la cérémonie, ce drôle de M. Cardozo, qui semblait tout en dents de scie. et des bagues en diamant. La mariée portait un joli satin blanc uni et *des* perles. Elle était plutôt nerveuse ; mais le marié était parfaitement calme. Ils avaient l'air si triomphalement heureux en descendant l'allée bras dessus bras dessous. Après tout, rien ne vaut un mariage amoureux !

« Nous nous sommes rassemblés en force immense à Rookwood pour boire à la santé du couple nouvellement marié. Sir Pelham a prononcé un discours capital, net, bref et plein d'esprit. Il y a eu une ou deux remarques non officielles qui peuvent être enregistrées ; par exemple, le colonel Sladen a déclaré : « C'est elle qui l'a proposé – un exemple de lève-tôt. Le premier jour où elle est arrivée au club, je lui ai donné un conseil judicieux : je lui ai dit de garder un œil sur le millionnaire. Même si j'avais saisi le mauvais côté du bâton, il semble que ce ne soit *pas le cas* !

« Mais il était généralement admis que Sweet Primrose avait fait *le* discours de circonstance ! heureusement, c'était devant un public relativement restreint. Alors qu'elle était assise à se gaver de pâte d'amande, elle annonça soudain, dans sa petite pipe stridente : « *C'est le gâteau de mariage de Miss Paske ! "* Et Mme Langrishe , qui était assise à côté, avait l'air sur le point de s'évanouir, ce qui n'est pas étonnant. Bien sûr, ce n'était pas le gâteau de mariage de Miss Paske ; mais l'elfe indiscrète, qui était allée à Rookwood la veille, pendant que sa mère examinait les cadeaux, avait entendu certains chuchotements et, ayant un sens particulier pour *le gâteau* , avait remarqué le gâteau numéro deux. Mme Sladen faillit se jeter sur l'enfant et réussit à la faire taire et à étouffer sa terrible langue ; mais je crois que le diablotin a en fait exigé la promesse solennelle qu'elle aurait un large échantillon de ce qu'elle appelait agréablement « *l'autre* » à la toute première occasion.

« Rien de tout cela n'est venu aux yeux ou aux oreilles de la noce, et bientôt nous étions tous sur le *qui -vive* pour accélérer la mariée. Il y eut beaucoup de baisers, mais pas de larmes. Les heureux couples étaient accompagnés d'un chien blanc et sont partis (un tout nouveau départ) dans une smart victoria , presque ensevelie dans des pantoufles. Si les pantoufles sont un signe de bonne humeur, elles constituent le couple le plus populaire marié ici depuis des années. Je ne crois pas qu'il existe une seule vieille chaussure dans tout Shirani.

LA FIN.

www.ingramcontent.com/pod-product-compliance
Lightning Source LLC
LaVergne TN
LVHW051549170726
843492LV00006B/2014